A PAIXÃO DE CONHECER O MUNDO

Madalena Freire

A PAIXÃO DE CONHECER O MUNDO

RELATOS DE UMA PROFESSORA

22ª edição
Revista e ampliada

PAZ & TERRA

Rio de Janeiro
2023

1ª edição Paz & Terra, 1983
1ª edição Grupo Editorial Record, 2014

Direitos de edição da obra em língua portuguesa no Brasil adquiridos pela EDITORA PAZ & TERRA. Todos os direitos reservados. Nenhuma parte desta obra pode ser apropriada e estocada em sistema de bancos de dados ou processo similar, em qualquer forma ou meio, seja eletrônico, de fotocópia, gravação etc., sem permissão do detentor do copyright.

Texto revisado segundo o Acordo Ortográfico da Língua Portuguesa de 1990.

EDITORA PAZ & TERRA LTDA.
Rua Argentina, 171 – São Cristovão
20921-380 – Rio de Janeiro, RJ
Tel.: (21) 2585-2000.

Seja um leitor preferencial Record.
Cadastre-se no site www.record.com.br
e receba informações sobre
nossos lançamentos e nossas promoções.

Atendimento e venda direta ao leitor:
sac@record.com.br

CIP-BRASIL. CATALOGAÇÃO NA PUBLICAÇÃO
SINDICATO NACIONAL DOS EDITORES DE LIVROS, RJ

F934p Freire, Madalena
22. ed.   A paixão de conhecer o mundo : relatos de uma professora / Madalena Freire ; prefácios de Ana Mae Barbosa e de Anete Abramowicz. – 22. ed. – Rio de Janeiro : Paz & Terra, 2023.

ISBN 978-65-5548-051-1

1. Educação pré-escola. 2. Professores e alunos – Relacionamento. I. Barbosa, Ana Mae. II. Título.

23-85651   CDD: 372.2
                        CDU: 373.2(81)

Gabriela Faray Ferreira Lopes – Bibliotecária – CRB-7/6643

Impresso no Brasil
2023

*A meus pais com quem, desde cedo, comecei a viver
essa paixão de conhecer o mundo.*

*E a Dani, na lembrança forte do seu sorriso,
com minha saudade doída.*

Sumário

Nota da Editora

A paixão de conhecer o mundo completa quarenta anos de publicação, e, para celebrar este marco da educação infantil brasileira, a Editora Paz & Terra apresenta uma nova edição revista e ampliada, que reúne, pela primeira vez, a reprodução fac-similar do *Livro de nossas estórias* – o registro original, afetuoso e criativo produzido por Madalena Freire e sua turma do "pré" de 1981.

Uma prática vanguardista, os diários de aula de Madalena se provaram, com o decorrer das décadas, fundacionais para pensar uma nova forma de educar. Leitores e leitoras não terão neste livro um "guia" ou "manual" de ação, mas sim a experiência *viva, pulsante* e *dialética* do aprender do educador e dos educandos.

Gerações de docentes encontram nestas páginas referências de teoria, autoanálise e prática, mas, acima de tudo, de *escuta*. Sonhar com o "pré da Madá" é sonhar com uma educação libertadora, amorosa e analítica. É sonhar com um futuro possível, porque realizável no presente.

Ao exercitar a volta a estas páginas, a Editora Paz & Terra e Madalena Freire comprovaram a atualidade e a importância de *A paixão de conhecer o mundo*. Educar a infância é um dever da sociedade, especialmente em um país que apresenta quase um terço de sua população analfabeta funcional. Educar com amor é, ainda, um dever mais profundo, pois permite a formação plena e sólida de subjetividades cidadãs.

Fica, então, o convite a brincar, questionar, cozinhar, ler, escrever, construir, teatralizar, inventar, desenhar e, por fim, a aprender sobre o mundo, mais uma vez e de novo, com Madá e seus alunos e alunas.

Editora Paz & Terra
Setembro de 2023 –
ano do 40º aniversário
desta publicação

Apresentação à edição comemorativa

"Simone Weil inventou a sua e nós temos que inventar a nossa maneira de viver no estudo, no trabalho e na militância."
Jorge Larrosa, *Educação, estudo e ativismo*

Ao me visitar neste livro, na minha paixão há quarenta anos, fico feliz em constatar que – sim! – ainda continuo apaixonada por viver cotidianamente essa aventura no espaço sagrado que é a sala de aula.

Quarenta anos que já me fizeram avó. As crianças deste livro são, algumas, pais e mães; e seus pais, hoje, também são avós.

Ao me visitar nesta experiência, paixão vivida, constato que o que defendo, encarno, acompanhando o processo de formação de educadores, nasceu há quarenta anos. E que o processo de formação está alicerçado no movimento de construção do grupo.

Assim como "as crianças do pré", em sua paixão de conhecer o mundo, foram se constituindo como grupo dentro do movimento da construção de seu conhecimento, o mesmo deve ser partejado, experienciado, por professores.

Professores e professoras alienados de seu pensar, de seu saber reflexivo, que sejam apenas copiadores de "modas" pedagógicas, que se alienam de sua palavra, de sua autoria, de sua língua, não acompanharão a construção de crianças autoras.

Estamos precisados desse olhar contemplativo, reflexivo, que é ao mesmo tempo ético, estético e político – como nos diz Paulo Freire. Estamos carentes de alegria e beleza!

Professores e professoras que têm seu pensar autoral amam as lutas, os combates apaixonados por esse espaço sagrado da sala de aula. Espaço onde os saberes diferentes, dúvidas e discordâncias são assumidos, gestando a possibilidade de um espaço democrático.

As diferenças precisam existir e serem reconhecidas na escola para a construção democrática na sociedade. Estamos carentes desse espaço de bem-querer às diferenças, de querer bem à gente.

Esta é a nossa luta! E que sejamos capazes de passar o bastão para que alunos e alunas, filhos e filhas, netos e netas continuem lutando pela concepção democrática de educação ao longo dos próximos quarenta anos, e sempre!

Por fim, mas não menos importante, gostaria de registrar meus agradecimentos à ajuda inestimável de Anete, Carolina e Helena na revisão desta edição.

Madalena Freire
Setembro de 2023

Apresentação à 17ª edição

Vinte e quatro anos se passaram. Muita água correu em nossas vidas. As crianças de então, que viveram comigo *a paixão de conhecer o mundo*, tornaram-se mulheres e homens.

Inspiradores teóricos ampliaram meus estudos e práticas nesses anos e obviamente, estritamente ao processo de alfabetização, Emília Ferreiro, pedagoga e psicolinguista argentina, foi a principal. Na época da primeira publicação deste livro, não a conhecia. Apesar do tempo decorrido, continuo acreditando como adequadas as atividades aqui propostas para as crianças que estão defrontando-se com as hipóteses silábica-alfabética e alfabética.

Depois da estreia deste livro em 1983, recebi algumas críticas dos que defendiam a impossibilidade de formar este educador, apaixonado e competente. A raiva, que é um dos elementos fundamentais do processo de aprendizagem, quando produtivamente encaminhada, foi empurrando-me a sistematizar uma metodologia que apostasse no sentido oposto, numa construção apaixonada, árdua, mas prazerosa da autoria do educador.

Por tudo isso continuo resistindo na batalha, perseverando neste mundo da educação, atuando hoje como professora de educadores das mais diversas realidades e funções, e não somente da educação infantil.

Mas isso não significa que perdi as crianças. O difícil, o delicado, é resgatar dentro de cada educador sua criança escondida, suas histórias, como aprenderam a ler e escrever e como isso reflete no modo que ensinam. Pois só assim, juntamente com a reflexão, o estudo da prática e da teoria, os educadores poderão tomar consciência de quais foram seus modelos e de qual representam hoje, apropriando-se de sua autoria, seus desejos e sonhos.

Somente num processo de acompanhamento sistemático da reflexão, dentro do grupo escola, poderemos despertá-los para que possam fazer a opção pelo novo, pois ninguém muda jogando, de cara, o "velho" fora.

A mudança é gestada num árduo processo de pequenos movimentos de conscientização, em que a reflexão é arma de luta para a opção ou não, pela paixão de aprender, ensinar e conhecer o mundo.

Madalena Freire
Julho de 2007

Prefácio à edição comemorativa

Educação como prática da paixão

Já quarenta anos separam esta edição de sua elaboração original. Eis um livro que continua justificando sua pertinência e alcance. *A paixão de conhecer o mundo* envolve, ao mesmo tempo, uma imaginação de renovação educacional e uma prática com crianças pequenas que faz parte da paisagem educacional da educação infantil brasileira. Não há profissional que trabalhe na área que não tenha, um dia, encontrado este livro em seu percurso. Madalena arremessou uma flecha que foi pega por muitos, para lançar alhures. Por isso, ela é precursora de uma educação vital, democrática, humanista e essencialmente criativa.

Desde o título do livro somos impactados por um afeto de grande magnitude: a paixão. Mas pelo quê? Pelo mundo, pelo conhecimento e, especialmente, pelo pensamento. A paixão é um afeto permanente de Madalena nos seus escritos, na sua história e na sua relação com a educação, pois é uma força e um conceito que aplica na vida: na sua, na das crianças, na pedagogia e na de todos e todas que têm a sorte de encontrá-la.

O fazer educação para a Madá só tem sentido se retorna à vida, de maneira a potencializá-la e a expandi-la. Retorna à vida quando as crianças descobrem que a borboleta bota ovo, quando descobrem que a aranha tem oito olhos, que o veneno da cobra nunca acaba e que Tula, uma criança da classe, está em um pedaço de "tarântula".

A relação entre vida e escola se dá a todo tempo. Seja a partir do tubarão (que está na capa deste livro) ou com a naja, que nasceu na sala e que se prolonga "pelo corredor da escola... Como um corpo de um gigante que vai conquistando, aos poucos, o todo espacial... Que sai desse prédio e começa a conhecer as ruas do bairro onde está a escola (...)" (p. 79). Escola e vida são mediadas pelo pensamento como uma atividade viva e criativa.

Há um vínculo com a cultura da alegria. Seu trabalho não é só educacional, é uma ética entendida como uma modalidade de afirmação singular de modos de vida individual e coletiva, que nascem e respondem ao que é intolerável: a pobreza, a miséria, a discriminação.

Quando uma obra escrita em 1983, com inúmeras edições, ganha mais uma, esse acontecimento tem um significado. O livro é uma obra de arte, um clássico. Italo Calvino, na primeira linha de seu livro, *Por que ler os clássicos*, afirma: "Os clássicos são aqueles livros dos quais, em geral, se ouve dizer: 'estou relendo', e nunca 'estou lendo'." Mas há mais uma definição de Calvino que serve aqui: "Os clássicos são livros que exercem uma influência particular quando se impõem como inesquecíveis e também quando se ocultam nas dobras da memória, mimetizando-se como inconsciente coletivo ou individual."[1] Exatamente, *A paixão de conhecer o mundo* está na memória, no inconsciente de toda a prática onde habita uma relação entre educação, criança e infância.

Este livro não é uma teoria ou um método sobre educação, nem sobre a aplicação de teorias, apesar de sua prática ser lotada delas: Viktor Lowenfeld, Lev Vigotski, Jean Piaget, Paulo Freire, Elza Freire, Enrique Pichon-Rivière, Célestin Freinet, entre outras referências. Porém, os saberes não estão só no campo dos teóricos. Madalena faz uma reviravolta epistemológica: os saberes estão por toda parte e, em especial, na fala das crianças, nas suas mães, nos seus pais e em qualquer comunidade na qual

---

1 Italo Calvino, *Por que ler os clássicos*. Trad. Nilson Moulin. São Paulo: Companhia das Letras, 1993, p. 10.

essa concepção educativa esteja sendo posta em ação. É uma insurreição de saberes que Madá realiza – principalmente quando está nos territórios populares. Ela inverte ordens discursivas quando, de fato, leva-se em conta aquilo que a criança diz, pois importa sua fala.

Não é pouca coisa escutar de verdade as crianças. O filósofo Gilles Deleuze, em conversa com Michel Foucault, afirma: "Se as crianças conseguissem que seus protestos, ou simplesmente suas questões, fossem ouvidos em uma escola maternal, isso seria o bastante para explodir o conjunto do sistema de ensino."[2] Nas salas da Madá, as crianças falam e são escutadas. Essa ação amplifica as infâncias e o campo do possível, já que o possível também tem que ser produzido.

A paixão de conhecer o mundo narra uma prática educativa em seu movimento afirmativo, pois coloca a educação nas fronteiras com a arte, a estética – enfim, a coloca ligada intimamente com o pensamento. Toma a sala de aula como um espaço de liberdade e criação, onde cada um tem sua vez e voz, mas há uma pessoa que rege esse espaço e que relata, escreve sobre as experiências, de maneira a dar a cada criança o conceito de que necessita no momento. É a paixão em movimento pela vida, por meio da educação e do pensamento.

Madalena ouve as crianças de um jeito muito especial: é uma ética da escuta, de fato ela quer saber e se importa com aquilo que a criança expressa não só pela fala, mas pelos desenhos, gestos, silêncios, choro etc. Uma escuta que só os mestres desenvolvem, pois coloca o adulto em posição de aprendiz.

Madalena nunca se colocou em posição de quem detinha um conhecimento a ser transmitido – essa postura nada tem a ver com o pensar e com a educação. Não era ela quem tinha um pensamento pronto, ou um arsenal de conceitos, nem mesmo um cortejo de sentidos já elaborados e necessários a um certo tipo de aprendizagem. Isso nada tem a ver

---

2 Michel Foucault. *Microfísica do poder*. Org. e trad. Roberto Machado. Rio de Janeiro: Paz & Terra, 2018, p. 133.

com o pensar e com educação. Não era ela quem detinha algo a ensinar, tampouco esperava uma resposta única ou algum tipo de aprendizagem semelhante entre crianças – nada disso, era outra coisa. Era uma criação constante que forçava todos a pensar acerca de tudo e formular conceitos sobre: a morte, o vulcão, o planeta, o sol, a baleia… E abordava também a maneira de colocar a letra no papel, como escrever o próprio nome e contar histórias. Enfim, era uma roda pulsante, era algo mesmo da ordem do pensamento, muita intensidade, muitas forças em jogo.

Aprender a leitura dos mundos foi a experiência que viveram. Digo "mundos", pois são muitas singularidades, nas quais todos cabem e devem forjar e inventar seus territórios.

Várias coisas que estavam sendo gestadas nas práticas de Madalena seriam tematizadas contemporaneamente: a insurreição dos saberes, a criança ativa como força cultural e política e o dilema diário colocado à professora. Dilema que é este: todos os dias a professora entra por quatro horas seguidas em uma sala de aula com crianças e se pergunta, "o que vou fazer hoje que ainda não fiz e ainda não sei?". Uma professora é aquela que, de certa forma, desaprende continuamente, pois a cada nova turma há um desconhecimento que precisa de outra alfabetização nesse novo encontro.

Em 1981, eu realizava o curso de Ciências Sociais na Universidade de São Paulo e, como estágio obrigatório para a licenciatura, decidi assistir às aulas da Madalena Freire, que posteriormente foram contadas neste livro. Na época, não tinha ideia nem do que via e nem do que essa experiência se tornaria. De todo modo, fui afetada definitivamente pela oportunidade, nunca tinha vivido uma experiência tão disruptiva. Acho que foi esse acontecimento, essa prática educativa, que funcionou como um gatilho para aquilo que decidi ser profissionalmente: abandonei as Ciências Sociais e optei por trabalhar com a infância. Foi uma daquelas experiências de vida que fazem diferença, ou seja, daquelas que importam, pois algo acontece em nós, depois do encontro.

Numa entrevista, presente no livro *Conversações,* o filósofo Gilles Deleuze pronunciou-se sobre sua parceria com o psicanalista Félix Guattari:

> O essencial são os intercessores. A criação são os intercessores. Sem eles não há obra. Podem ser pessoas – para um filósofo, artistas ou cientistas; para um cientista, filósofos ou artistas – mas também coisas, plantas, até animais, como em Castañeda. Fictícios ou reais, animados ou inanimados, é preciso fabricar seus próprios intercessores. É uma série. Se não formamos uma série, mesmo que completamente imaginária, estamos perdidos. Eu preciso de meus intercessores para me exprimir, e eles jamais se exprimiriam sem mim: sempre se trabalha em vários, mesmo quando isso não se vê. E mais ainda quando é visível: Félix Guattari e eu somos intercessores um do outro.[3]

Diria que, mesmo que não tenha visto mais Madalena, ela foi/é minha intercessora, e me exprimo por meio dessa conjunção que fizemos. Eu faço uma série com ela, acho que é isso, formamos uma constelação, e assim será para sempre.

Portanto, continuo lendo e relendo esta *paixão de conhecer.*

Anete Abramowicz
Setembro de 2023

---

3 Gilles Deleuze. *Conversações (1972-1990).* Trad. Peter Pál Pelbart. São Paulo: Editora 34, 2008, p. 156.

CARTA-PREFÁCIO

Birmingham, 10 de novembro de 1982.

Querida Madá,

Você me telefonou de Cotia para Birmingham (que emoção!) me convidando para escrever um prefácio para o seu livro. Quando os textos chegaram, alguns que eu já havia lido, outros desconhecidos para mim, mergulhei no conjunto e saí da leitura com aquela sensação de *repleteness* que Nelson Goodman diz ser um dos sintomas da experiência estética.

Seu livro é um objeto estético de um arredondamento estrutural que envolve e desenvolve. Põe o leitor na roda com você e as crianças. Vocês me carregaram para a roda como carregaram os pais das crianças e as visitas que apareceram na escola, os irmãos, amigos etc., que iam ensinar a vocês aquilo de que gostavam.

Fiquei sem vontade de escrever para este livro um prefácio. Medo de quebrar a gestalt organizada que começa na roda e termina na roda. Como sua experiência pedagógica é baseada no campo de referências do seu grupo, no atendimento das necessidades das crianças para se desenvolverem reflexivamente e sensivelmente, e, também, nas suas próprias necessidades de crescer como ser humano, mulher e professora, resolvi atender também às minhas necessidades, aqui e agora.

Estar longe dos amigos, do trabalho cotidiano da família, desenvolve uma fome de comunicação tipo século XIX: quero e preciso receber e escrever cartas. As palavras que me chegam envelopadas me asseguram que os afetos aí deixados permanecem em meus envelopes e vão carregados de minhas garantias de amor.

Por outro lado, estou envolvida pelas cartas dos arquivos de Marion Richardson, onde pesquiso na sua correspondência a trilha da prática revolucionária desta arte-educadora.

Portanto, meu campo de referência atual são as cartas. Resolvi, então, em vez do clássico prefácio, lhe escrever esta carta; se você quiser publicá-la, ficarei feliz.

Seu livro não é o resultado de um, dois, ou quatro anos de trabalho, mas de um processo de evolução de seu pensamento pedagógico que começou há mais de dez anos na Escolinha de Artes de São Paulo. Lembro-me que foi você quem lançou a ideia, na Escolinha, de cada professor escrever todos os dias o relato de suas aulas e o mais minuciosamente possível. Aceita a proposta, você cobrava de todos nós. Confesso que levei algumas broncas suas. Agora você programadamente compartilha com seus alunos essa prática, levando-os a sentirem a importância do registro da experiência, que é em si mesmo uma forma de avaliação. Você está bem acompanhada. Dewey e Vigotski falam da necessidade de trabalhar a passagem da experiência direta para a experiência simbólica, e Vigotski é ainda mais explícito quando valoriza a linguagem escrita, porque é mais cuidadosamente reflexiva que a linguagem oral.

Por outro lado, esta anotação da lição (palavra que você resgata do preconceito) é também um trabalho com uma das operações mentais, a memória, a qual você procura desenvolver da mesma maneira que outras funções mentais, como a imaginação.

Só que no seu livro a memória não é função bancária, mas fonte de informação que com frequência vem a ser modificada pela imaginação.

Os relatos mostram que suas aulas são um jogo contínuo entre a imaginação e a percepção. É preciso ver o que está no meio ambiente, mas ao mesmo tempo o que poderia estar existindo.

Você estimula a imaginação das crianças para descobrirem o que querem e como querem o seu mundo exterior.

Por outro lado, em suas aulas não é só importante ver, ouvir, tocar, mas a contextualização destas sensações pela cultura, pela família, pelo grupo que está participando das descobertas sensoriais.

Caracterizaria seu trabalho como equilíbrio entre exploração e controle através da sensibilidade. A sensibilidade é capaz de relacionar estas duas formas de aprendizagem aparentemente conflitantes. Se a exploração é sensível, leva a formas de controle pessoais e apropriadas; se o controle é sensível, leva adiante a exploração pessoal.

Você desenvolve a sua sensibilidade e a das crianças através da consciência das emoções. Vê-se pelo seu livro que sua ação pedagógica deixa espaço para as expressões catárticas e reativas, mas há sempre uma preocupação em refletir sobre estas respostas emocionais. O subjetivo, a vida interior, navega em sua sala de aula, mas não ao acaso. Vocês traçam o curso da navegação, as crianças inclusive ajudando você a traçar o seu. Lembro-me do menino lhe dizendo: "Calma, Madalena"; quando você tentava interferir numa briga.

Sua prática não admite a distinção de valor ou de atitude entre emoções, sentimentos, pensamento, conhecimento. E a arte é praticada e vista como uma forma de inteligibilidade das emoções.

Se a arte não é tratada como conhecimento representacional, mas como "grito da alma", nós não estamos fazendo nem educação emocional nem educação cognitiva.

Lembro-me de que um dos românticos ingleses dizia: as artes têm que ver com as emoções, mas não tão profundamente para resultar só em lágrimas.

O que você fez usando a dramatização para o parto e o livro de nus do Degas, para contrapor à *Playboy* que apareceu na classe, foi educação emocional e educação estética.

Sua atuação nesse caso me fez lembrar de um relato autoanalítico de Peter Fuller. Ele conta em *Art and Psychoanalysis*: "Me interessei por pintura aos 7 ou 8 anos de idade. Meu pai tinha muitos livros de arte ilustrados e eu costumava folheá-los. Inicialmente havia só um elemento de investigação sexual do nu. Eu via muitas reproduções de arte, mas me impressionava principalmente por aquelas de mulheres sem roupa. No começo, minha apreciação era acompanhada por algum sentimento de culpa: os livros pertenciam ao meu pai e eu não tinha permissão para olhá-los. O comportamento edipiano era tão transparente que é difícil comentar. Incorporação de imagens visuais é um dos meios pelo qual, da infância à velhice, nos apossamos através da fantasia daquilo que não podemos possuir na realidade." (...) "Mas, já havia em meu interesse pela arte, naquele tempo, algo que Clive Bell identificaria como uma rudimentar sensibilidade estética. Deixe-me explicar melhor. No começo eu não fazia muita distinção entre livros de medicina (meu pai tinha muitos também) e livros de Arte. Mas logo eu comecei a perceber o sentido de goodnes quando eu olhava, por exemplo, a reprodução de *The Rokeby Venus*, que eu não sentia quando olhava os manuais de medicina." (...) "Não penso que isto se deve ao fato de que por se tratar de Arte eu me permitia ser indulgente com o meu inaceitável voyeurismo, isto é, ao fato de que olhar os livros de arte era menos ofensivo do que olhar os livros de medicina. Mas, apesar dos últimos serem mais específicos, em breve comecei a preferir os primeiros."

Sua maneira de lidar com os acontecimentos foi semelhante ao processo de desenvolvimento estético da criança Peter Fuller. Não houve em nenhum momento da aula negação do erotismo, mas a superposição da crua imagem sexual pelo despertar da sensibilidade estética para a forma sexualmente significante.

Vejo no seu livro o amadurecimento de um outro aspecto sobre o qual batalhávamos no nosso trabalho na Escolinha: a inter-relação de teoria e prática. Desiludidas das fáceis promessas espontaneístas do "deixar fazer", procurávamos teorias para embasar ou justificar nossa prática. Líamos cuidadosamente todos os livros que o "grande pai" enviava dos Estados Unidos e de Genebra. Ele nos introduziu a Merleau-Ponty e Irena Wojnar e me lembro de que nos frustramos terrivelmente uma vez, porque não entendemos nada de um livro sobre Expressão, escrito por um chileno. O livro foi devolvido para Genebra intocado pelo nosso conhecimento. Naquele tempo tínhamos vergonha de não entender um livro.

No primeiro relatório (escrito há uns quatro anos atrás) deste seu livro, ainda há a preocupação de deixar a descoberto, enunciando claramente os pressupostos teóricos que foram seguidos. Já nos relatórios das aulas do ano passado, você transformou a moldura teórica naquilo que Robert Witkin, em The Intelligence of Feeling, chama de significado existencial.

Você deglute, antropofagiza a teoria e permeia com suas proteínas a ação. Seu fazer de educadora está assim repleto pelo conhecimento de proposições e de predisposições do tipo perceptivo, sensorial, emocional e intelectual.

Deixo aos leitores o estimulante exercício de identificar os seus alimentos originais, isto é, as influências. Onde está Piaget? E Arnheim? E Herbert Read? E tem muito mais!

Foi muito estimulante ler o seu livro. Um grande abraço e muita saudade.

Ana Mae

P.S.: Incrível coincidência. Diana está fazendo o projeto gráfico do seu livro, ela que esteve ligada a nós, nos começos da Escolinha. Pois é, continuamos.

Introdução

Depois de um período de dúvida, sem saber se deveria ou não publicar estes relatórios, decidi fazê-lo, fundamentalmente como tentativa de ampliar meu diálogo com outros educadores. No início, pensei em limitar o livro apenas aos relatórios de 1981, correspondentes ao período em que participei da equipe da Escola da Vila e de seu centro de estudos. A decisão de juntar os três anteriores, de 1978, quando trabalhei na Escola Criarte, nasceu da necessidade que senti de pensar a minha prática de educadora.

Só lamento haver perdido um pequeno relato de 1970, tempo em que, trabalhando na Escolinha de Arte de São Paulo, comecei minha formação com Ana Mae. Aquele relatório, mesmo precariamente, retratava minhas inquietações na procura embrionária da minha prática atual.

Os dois primeiros relatórios, correspondentes ao período em que trabalhei na Escola Criarte, retratam uma prática ainda presa a uma visão menos dinâmica, talvez mais fria, em que a preocupação maior estava em mencionar o eixo do trabalho, seus objetivos etc. Neles, me parece hoje, como a vida mesma, se tropeça um pouco.

Foi a partir do terceiro relatório,* que comecei a me embrenhar, junto com as crianças, num mesmo fluxo de inquietações e buscas. Comecei a viver desde aí o processo educativo como um todo, inquieto, curioso, vital e apaixonado. É que, se a *prática educativa* tem a criança como um de seus sujeitos, construindo seu processo de conhecimento,

---

* Ver início do relatório de agosto e setembro, de 1978, p. 59.

não há dicotomia entre o *cognitivo* e o *afetivo*, e sim uma relação dinâmica, prazerosa de conhecer o mundo.

Quando se tira da criança a possibilidade de conhecer este ou aquele aspecto da realidade, na verdade, se está alienando-a da sua capacidade de construir seu conhecimento. Porque o ato de conhecer é tão vital como comer ou dormir, e eu não posso comer ou dormir por alguém. A escola, em geral, tem esta prática, a de que o conhecimento pode ser doado, impedindo que a criança e, também, o professor o construam. A busca do conhecimento não é preparação para nada, e sim VIDA, aqui e agora. E é esta vida que precisa ser resgatada pela escola. Muito temos que caminhar para isso, mas é no hoje que vamos viabilizando este sonho de amanhã.

É por isso que hoje publico estes relatos, este meu sonho, *possível* e *apaixonado*.

Madalena Freire
Novembro de 1982

RELATÓRIOS DE ATIVIDADES
ESCOLA CRIARTE, 1978

Fevereiro e março

Minha fundamental preocupação neste relatório é descrever algumas das atividades desenvolvidas neste mês e meio de prática, que revelam o espírito do nosso trabalho, dentro dos objetivos a que nos propomos.

Nosso grupo é constituído de 17 crianças com idades que se aproximam da faixa dos 4 anos.

O principal objetivo do nosso empenho está sendo o desenvolvimento do *grupo* como um todo, do que resulte que as crianças se descubram membros dele.

Tendo em vista esse eixo central, estabelecemos uma rotina de trabalho que tem como objetivo situar as crianças num espaço e num tempo definidos e concretos:

— A gente vai para o *parque*[1] depois do lanche, não é?[2]

— Já chegou a hora da mãe chegar? (Referindo-se *à hora da história*.)*

— Depois do parque é que vem a história, não é?

— Já acabou a roda? Vamos desenhar?

— Ficamos tanto tempo na roda que chegou até a hora do lanche.

---

1 As crianças chamam o quintal de "parque".

2 Para particularizar, as falas das crianças estarão indicadas em fonte diversa.

* Ver tópico "Hora da história" para entender melhor a relação entre a "hora da história" e o horário das mães chegarem, p. 40.

É através dessa rotina que mais adiante trabalharei a estruturação espaço-temporal.

É importante desde logo salientar que, de maneira alguma, essa rotina é vivida de modo rígido, inflexível, durante o decorrer do dia. Muitas vezes as próprias crianças propõem a sua inversão, ou a professora, baseando-se na observação do grupo, propõe um outro tipo de encaminhamento para o dia, dentro ou não da rotina.

Temos iniciado geralmente nossas atividades às 8h30.

Nos reunimos, então, na sala, para nossa *conversa na roda*.

Às 9h desenvolvemos uma atividade coletiva, onde é lançada uma proposta de trabalho para o grupo, em qualquer área.

Às 10h lanchamos e em seguida vamos para o parque.

Às 11h voltamos à sala, onde desenvolvemos atividades no ateliê, objetivando a pesquisa individual com múltiplas opções:

- Marcenaria;
- Modelagem-barro;
- Desenho;
- Colagem etc.

Às 11h45, hora da história.

O QUE É A *HORA DA CONVERSA NA RODA*?

Antes de iniciarmos nossas atividades nos sentamos em círculo e conversamos.

Esta conversa gira em torno de vários assuntos:

- Novidades que trazemos para mostrar ao grupo;
- Qualquer acontecimento que impressionou de algum modo uma criança;

- Bichos para nosso *museu;**
- O que vamos trabalhar hoje?;
- O que combinamos ontem para fazer hoje?;
- Quem não veio à escola?;
- Quem veio?

Essa é, principalmente, uma hora em que os membros do grupo falam, dão suas opiniões, discordam ou concordam sobre qualquer assunto.

Uma das características do pensamento da criança desta faixa de idade (pré-operacional**) é o egocentrismo.

Ela não consegue se pôr no lugar do outro, considerar seu próprio ponto de vista como um entre muitos outros e tentar coordená-lo com esses outros pontos de vista.

Segundo Piaget, é através de relações interpessoais repetidas, principalmente aquelas que incluem discussões e discordâncias, que a criança é levada a tomar conhecimento do outro.

A hora da conversa na roda vem sendo muito importante para as crianças deste grupo:

— Hoje eu falei pro meu pai para vim cedo, pra hora da roda...

— Eu tenho uma coisa pra contar mas só na hora da roda...

— Cadê a roda? (Uma criança que teve um problema com outra veio à roda para falar dele ao grupo.)

— Eu trouxe um bicho pro museu que eu vou mostrar na roda.

Um outro dado importante da conversa na roda é a possibilidade de um conhecimento maior das crianças entre si, da professora com relação a elas e vice-versa.

---

* Ver tópico "O que é o museu?", p. 40.

** Jean Piaget estruturou o pensamento da criança em estágios e dentre eles denominou de "pré-operatório aquele correspondente ao período dos 2 aos 7 anos de idade. As crianças nessa fase do desenvolvimento interagem por meio do jogo, frequentemente desempenhando papéis criados, inventados. Dessa forma, transformam o mundo dos objetos e das pessoas segundo sua imaginação. Embora o mundo próprio infantil possua centralidade e relevância, é a partir desse estágio que o outro começa a emergir e ser reconhecido.

De fato, a professora também tem suas histórias (essa é da sua vida verdadeira, Madalena?) alegres ou não, para contar.

O papel da professora nesta atividade, enquanto participante também, é o de coordenar a conversa. É o de alguém que, problematizando as questões que surgem, desafia o grupo a crescer na compreensão dos seus próprios conflitos.

POR QUE ATIVIDADE COLETIVA?

Através dessa prática, que engloba o grupo como um todo, se pretende desenvolver com as crianças atividades nas quais a professora propõe uma forma qualquer de ação que, exigindo o esforço individual de cada membro, valorize a participação do grupo em lugar de negá-la.

Na verdade, é imperioso que as crianças, através de atividades concretas, percebam de um lado a importância de cada uma, individualmente, na constituição do grupo, e, de outro, a importância do grupo para o seu próprio crescimento.

Assim, mais tarde, aos 5, 6 anos, deverão descobrir a força do grupo e, aos 7 anos, poderão compreender, ainda que intuitivamente, o grupo como um organismo social regido por leis próprias – criadas por seus membros.

COMO E DE ONDE SURGEM AS ATIVIDADES QUE SÃO TRABALHADAS PELO GRUPO?

É procurando compreender as atividades espontâneas das crianças que vou, pouco a pouco, captando os seus interesses – os mais diversos. As propostas de trabalho que não apenas faço às crianças, mas que também discuto com elas, expressam (e não poderia deixar de ser assim) esses interesses.

Por isso, em última análise, é que as propostas de trabalho nascem delas e de mim, como professora. Não é de estranhar, pois, que as crianças se encontrem nas suas atividades e as percebam como algo delas, ao mesmo tempo que vão entendendo o meu papel de organizadora e não de "dona" de suas atividades.

Daí a importância de salientar o papel do professor como organizador. Organizador no sentido de quem observa, colhe os dados, trabalha de acordo com deles, com total respeito aos educandos que não podem ser puros objetos da ação do professor.

Por exemplo, foi a partir da observação de algumas crianças que trabalhavam espontaneamente no parque com areia, mexendo uma "sopa venenosa" que surgiu a "sopa de macarrão". Voltando à sala, devolvi em forma de história o que tinha observado no parque, e no fim perguntei se alguém já tinha feito uma sopa de verdade, "não Madalena", foi a resposta. E assim ficou combinado que no dia seguinte iríamos fazer uma sopa (de macarrão), e gritaram: "sem veneno!", para tomarmos.

SOPA DE MACARRÃO "SEM VENENO"

Antes de começarmos a trabalhar pesquisamos os legumes, suas formas, cores e tamanhos.

E também formas que nos lembram este ou aquele legume. Por exemplo:

— A vagem parece uma banana magrinha...

— Dois tomates e uma vagem fazem uma cara!

— Batatas (parecem) bolas.

Tendo como objetivo trabalhar movimentos que exigissem um maior controle manual, propus que picássemos os legumes o menor possível, utilizando a faca e as mãos.

Picamos todos os legumes, pegamos o macarrão com todo o cuidado... E levamos tudo ao caldeirão da nossa "sopa sem veneno".

No final do dia tomamos a sopa, em volta da nossa toalha, relembrando todos os passos do nosso trabalho até aquele instante.

Da observação de algumas crianças que tentavam andar equilibrando-se numa das muretas do parque da escola, foi lançada, no dia seguinte, ao grupo uma atividade organizada cujo objetivo era explorar situações que exigem equilíbrio.

EQUILÍBRIO

Nossa sala virou então uma "pista" de equilíbrio. No decorrer da atividade os obstáculos eram transformados, aumentando as dificuldades.

Posteriormente foram pesquisadas partes do corpo onde podíamos equilibrar objetos:

— Olha como meu braço equilibra meu copo!

— Meu pé até equilibra minha lancheira...

Etc.

Outra proposta surgiu do pedido:

— Madalena, vamos fazer esse suspiro (da receita) cor-de--rosa?

E assim ficou combinado que no dia seguinte iríamos fazer suspiro cor-de-rosa.

SUSPIRO COR-DE-ROSA

Essa atividade teve como finalidade constatar, passo a passo, as "transformações" de estado que iam ocorrendo.

1) Primeiramente procuramos localizar na sala uma tomada para ligarmos a batedeira. Encontramos a tomada, ligamos a batedeira e observamos como funcionava, o que acontecia quando mexíamos no botão das variações de velocidade etc.

2) Separamos a clara da gema, observamos seu estado líquido e sua cor clara, para depois começarmos a bater na batedeira.

— Xi, Madalena, está virando espuma!

— Parece espuma do mar...

— Como é possível? Está virando espuma? Mas por quê?

— É porque a batedeira está mexendo com isso aí. (Referindo-se às hélices da batedeira.)

— Mas, um dia minha mãe fez com aquilo que bate, bate, e virou espuma igual.

— Está ficando dura!

— Com o açúcar ficou mais mole.

— Põe mais açúcar pra ficar mais dura!

— Ficou cor-de-rosa com a gelatina!

— Igual à massa vermelha que a gente fez...

— Só que aquela a gente não podia comer... Essa pode...

Nessa altura, podíamos até virar a panela que o suspiro não caía... Pus na mão de cada criança um pouco da "massa", rapidamente elas viraram a palma da mão e a massa não caiu... Foi uma sensação!

— Será que tem cola nessa massa?

— Não... É que grudou com o açúcar...

— Acho que a clara tem uma colinha, sim!

— Não, é que ela se equilibra...

— É que ela ficou dura, ora... (Na verdade queria referir-se à mudança de estado.)

3) Pusemos a massa num saco plástico com um pequeno orifício na extremidade de onde a massa, quando pressionada, saía lentamente, e assim a proposta foi:

"Assim como a gente desenha com lápis, caneta, carvão etc., agora vamos desenhar com a massa de suspiro dentro deste saco."

Cada criança "desenhou" seu suspiro na assadeira e foi saboreado depois ao som de um (quase) coral de vozes:

— Hum... hum... hum...

LANCHE

Nosso objetivo na *hora de lanche* é reunir as crianças de modo coletivo à volta de nossa toalha (que uma das crianças nos trouxe) onde possam conversar, cantar enquanto comem etc.

Principalmente que o lanche não esteja somente vinculado "à minha lancheira", mas sim ao momento agradável em que comemos juntos.

Visando a trabalhar "o meu lanche", "não te dou", "é meu", propus que tivéssemos um prato onde colocariam parte do lanche que não quisessem para *ser de todo mundo*. E assim ficou denominado "o prato do lanche de todo mundo".

O prato é sempre colocado no centro da mesa e rapidamente está cheio para ser distribuído entre todas as crianças.

PARQUE

É importante ressaltar que o *parque* não é um tempo de recreio isolado da dinâmica do trabalho, sem atuação do professor. Na verdade, o parque nos oferece, pela sua riqueza de variedade de interesses e pela heterogeneidade de idades, uma diversificada observação para a elaboração das atividades a serem desenvolvidas *com* e *pelas* crianças.

Tendo em conta tudo isso, estamos desenvolvendo no parque algumas atividades a partir de interesses de alguns grupos e que chegam a interessar às demais crianças da escola. Uma experiência em torno do fogo e outra em torno de construção na areia já foram realizadas.

A primeira foi desenvolvida na lareira da escola.

Antes da atividade propriamente dita, três classes trabalharam, em suas salas:

- Amassando;
- Rasgando;
- Cortando;
- Torcendo e ainda dobrando e embrulhando jornal para ser lançado ao fogo.

Todas as classes da escola, com exceção do maternal, reuniram-se ao pé da lareira para observar o fogo: suas cores que variavam com a mudança de material, a fumaça saindo pela chaminé.

A segunda foi desenvolvida em três etapas:

1) Transportar a areia de um espaço do parque para outro;
2) Tingir essa areia com tinta;
3) Construir na areia.

Essa prática foi muito importante para todos os grupos: os maiores foram requisitados para ajudar os menores a transportar areia, e os menores enriqueceram seu universo de representação através da construção na areia, com o trabalho juntamente com os maiores.

POR QUE ATIVIDADE DE PESQUISA INDIVIDUAL NO ATELIÊ?*

Esse é o tempo para as pesquisas individuais. É onde as crianças escolhem que tipo de ação querem desenvolver, não importa em que área de expressão, e o que pesquisar, sem proposta específica lançada ao grupo.

Esse é um momento muito importante, pois nele a professora tem condições de trabalhar as necessidades individuais, particulares de cada criança, ao nível dos interesses ou das dificuldades.

É durante essa atividade que a professora colhe dados para a elaboração de atividades planejadas a serem desenvolvidas pelo grupo.

HORA DA HISTÓRIA

A *hora da história* terminou por constituir-se num indicador de tempo: *está perto da hora da mãe chegar.*

Atualmente a hora da história está tão relacionada com "minha mãe vai chegar" que, num dia de muito trabalho, quando não tivemos tempo para a hora da história, alguém comentou:

— Uai! Não teve estória? A mãe não vai chegar... (Risos.)

O QUE É O MUSEU?

A pesquisa da natureza e da realidade em geral é feita através da atividade do *museu.*

Temos uma prateleira num canto da nossa sala onde *tudo* o que nos interessa: bichos, pedras, areia, plantas, ferramentas, parafusos, carros de

---

* Trata-se de um momento de "ateliê" em sala de aula. O espaço da sala era dividido, de um lado, ficava o ateliê e a pesquisa; do outro, aconteciam os estudos individuais, "a lição", alfabetização etc. Mas também poderiam acontecer no ateliê outras atividades, um jogo simbólico, por exemplo.

brinquedo, madeiras, enfim, tudo aquilo que chama atenção das crianças é guardado (documentado). Isto é o nosso museu.

É através de atividades de pesquisa e de manuseio de objetos que possuem atributos distintos que as crianças deverão conquistar, aos 6, 7 anos, critérios (observados e trabalhados por eles) de seleção para a organização (classificação) das coisas.

POR QUE JOGO SIMBÓLICO?

Quando uma criança brinca, joga ou desenha, ela está desenvolvendo a capacidade de representar, de simbolizar.[3] É construindo suas representações que as crianças se apropriam da realidade.

É através do jogo simbólico, do *faz de conta*, que a criança assimila a realidade externa – adulta – à sua realidade interna.

No nosso grupo, um jogo vem predominando desde o início do semestre: "brincar de casinha". Os papéis são bem definidos e claros: mãe, pai, tia, neném, empregada, filho mais velho, gato e cachorro.

O espaço onde se dá o jogo, geralmente, é o terraço da nossa sala.

Outras vezes, segundo o número de participantes, o jogo vem para dentro da nossa sala.

Geralmente o jogo acontece depois do parque.

POR QUE TRABALHAR A REPRESENTAÇÃO COMO INSTRUMENTO DE COMUNICAÇÃO?

É construindo representações, símbolos, que a criança registra, pensa e lê o mundo. Curiosa em saber que objetos dentro da nossa rotina representavam, simbolizavam cada uma das nossas atividades, iniciei uma pesquisa de que objetos estavam mais carregados de significado para as crianças.

---

3 A propósito de representação, ver, Jean Piaget, "A função semiótica ou simbólica" em *A psicologia da criança*.

— Pega o lixo! Pega o lixo! Tá na hora do lanche.

— Mas cadê o lixo? Tá na hora do lanche, uai!...

— Você pegou o lixo?! Tá na hora do lanche?

Estava claro que o lixo significava para todos a hora do lanche. Assim todos os dias, na hora do lanche, eu pegava o lixo e punha em cima da mesa, e perguntava:

— Está na hora de alguma coisa?

— Do lanche! (E corriam para pegar a lancheira.)

No parque, de modo geral, as crianças me pediam que guardasse pedras, folhas, formigas, agasalhos, sapatos etc. Daí combinamos levar conosco um grande saco em que elas mesmas iam pondo seus achados. Assim, sempre que pegava o saco:

— O parque! Vamos para o parque!

— Tá na hora do parque!

— Olha o saco! Tá na hora do parque!

Um dia, depois de um piquenique, pus todas as lancheiras em cima da nossa toalha e fiz uma trouxa. Pararam espantados, os olhos grudados na trouxa.

— Uma trouxa... (Rostos indicando dúvida.)

— Parece uma bolona!

— Ai, que pesada!

— Todas as lancheiras tão aí?

— Vamos, vamos levar!

— Ajuda, ajuda! Senão, não dá!

— Vamos levar lá pra sala.

Foi uma verdadeira euforia, a trouxa sendo carregada numa espécie de procissão pela escola adentro. Desde esse dia, o saco perdeu o seu sentido, seu significado, e a trouxa passou a representar a hora do parque.

— Cadê a trouxa?

— Hoje não tem trouxa?!

— Olha a trouxa, vamos para o parque.

— Está na hora do parque, olha a trouxa.

Na hora da conversa na roda sempre se falava sobre como estava o dia, se estava chovendo, se fazia frio, se tinha sol. Um dia, uma criança começou a desenhar, no chão, um sol, representando como estava o dia. No dia seguinte, dei giz para todos. Relembrei o desenho daquela criança do dia anterior e perguntei:

— Como está o dia hoje?

— Tá com sol?

— Eu vou fazer meu sol...

— Já fiz o sol!

Assim, diariamente, começamos a desenhar com giz no chão como estava o dia. Até que certa vez, alguém me pediu papel e lápis porque não queria que o seu sol fosse apagado. As demais crianças também não queriam que seus desenhos fossem apagados, e então ficou combinado que marcaríamos como estava o dia *no papel*.

Depois que cada um marcava, desenhava como estava o dia, todos os desenhos eram afixados na porta de um pequeno armário que temos na sala. Se o tempo mudava, novos desenhos eram feitos e lá colocados.

No início da conversa na roda, sempre observávamos quem vinha e quem faltava. Quem não tinha chegado ainda era simbolizado pelas crianças por qualquer objeto disponível, esse era posto no meio da roda e, se por acaso a criança chegasse mais tarde, o objeto era automaticamente retirado.

— Ele era esse lápis.

— Marca ele com essa caixa de fósforos.

— Chegou ele! Tira! Tira!

Um dia, porém, alguém quis fazer *sua própria marca para dizer que tinha chegado...* Dei papel, lápis e uma folha grande, pois se alguém mais quisesse fazer sua marca tinha espaço suficiente. A partir desse dia, todos quiseram fazer *sua marca para dizer que tinham chegado...*

Desse modo, a marcação de quem ainda não tinha chegado também passou a ser simbolizada no papel.

— Onde está a folha e o lápis para marcar quem veio e quem não veio?

— Eu vou fazer um bem grandão!

— Não, eu vou fazer eu bem comprido!

— Madalena, você não chegou? Cadê sua marca?

Depois que todo mundo faz sua marca, eu "leio" as marcas de cada um, e vou chamando um por um. Quem eu vou chamando faz qualquer movimento com alguma parte do corpo, para eu saber que está mesmo ali.

A hora do lanche e a hora do parque, que até então estavam sendo representadas pelos próprios objetos, foram marcadas (tirando seu contorno) no papel.

— Faz a marca do lixo, pra dizer que é a hora do lanche!

— E a trouxa! Faz a marca da trouxa!

E assim a hora do lanche está representada pela marca do lixo e a hora do parque pelo contorno da trouxa.

Na hora do lanche, o símbolo do lanche é afixado na porta do armário, e depois, quando vamos para o parque, afixamos seu símbolo correspondente.

Marca do lixo

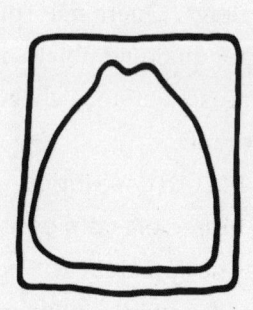
Marca do parque

ABRIL, MAIO E JUNHO

Nesta faixa etária dos 4 anos, o pensamento caracteriza-se por centrar-se em determinados aspectos da realidade, sem conseguir abstrair algo que neles está contido. Fundamentalmente, o pensar se encontra estritamente ligado ao concreto.

A criança pensa, agindo concretamente sobre os objetos. Ela opera, pensa a realidade transformando-a, e cada vez mais esse pensar vai deixando de se apoiar no concreto. A criança vai interiorizando, abstraindo suas ações sobre a realidade. E a partir dos 7 anos, pouco a pouco, ela vai podendo captar o que se acha aparentemente "escondido" no concreto, vai percebendo mais além dos objetos em si, passa a compreender as relações entre eles. É, então, que ela é capaz de pensar abstratamente, ou seja, operar a realidade mentalmente.

É importante ressaltar que é através da ação, do testar, do usar suas capacidades, que o pensamento se desenvolve.

Outro fator importante é que essa ação seja compartilhada, dividida em conjunto, com outras crianças. Nesse sentido, tentarei desenvolver este relatório tendo como eixo central *a organização do grupo nos seus vários níveis.*

No início do ano, o grupo como tal não existia nem a sua organização se achava sequer anunciada. Durante os dois primeiros meses fui a figura catalisadora que tinha "as rédeas na mão": apertando aqui, afrouxando ali...

Havia muitos grupinhos compostos de duas, três crianças, o que dificultava o trabalho do desenvolvimento do grupo como um todo.

Comecei então um esforço individualizado com cada criança, objetivando a ampliar suas relações de amizade dentro do coletivo, explorando todas as situações que envolviam o grupo como um todo (hora do lanche, hora da conversa na roda, hora da história) e a presença de cada participante como um elemento decisivo dentro do grupo.

Aos poucos, elas foram percebendo que, para trabalharmos juntos, alguns limites à ação individual se faziam necessários: "não pode subir na mesa", "não pode pisar na nossa toalha de lanche" etc.

Outra descoberta deste período foi a força que cada um tinha como elemento do grupo: "este lápis não é só seu, é meu também, é de todo mundo", "é minha vez de falar" (na hora da conversa na roda), "você já falou, agora sou eu", "você pensa que manda em tudo... você manda na sua casa". (Distinção entre casa e escola, que também foi bastante trabalhada por mim, objetivando as diferenças de relacionamento e comportamento.)

A esta altura, o meu papel de professora já era outro bem diverso ao do início do nosso trabalho. A figura catalisadora, que foi necessária no início, já perdia sua função, dando lugar a uma professora-organizadora das atividades, sistematizando através dessas a prática espontânea das crianças.

Nessa etapa, quando o grupo estava minimamente estruturado. Comecei a dividir as responsabilidades, que antes só a mim cabiam, com o grupo. Assim, em vez de carregar a trouxa no parque, levando os "achados" e os "pertences", comuniquei ao grupo que a partir daquele momento a trouxa ficaria em cima de um dos bancos do parque, e quem quisesse guardar qualquer coisa que fosse lá e guardasse.

O mesmo aconteceu com nossos materiais: "quem usar a caneta, não esquecer de tampar e guardar", "quem usar o martelo, devolvê-lo ao mesmo lugar", "os pincéis devem ser guardados na água", "nossos livros de história, na livraria" (um caixote que tem seu lugar estabelecido no espaço da sala) etc.

Meu objetivo foi dar meios às crianças de exercerem, conquistarem sua responsabilidade diante dos nossos materiais, do trabalho, e, principalmente, sua independência em relação a mim.

A partir de então, fim do primeiro semestre, as solicitações se tornaram quase nulas e dia a dia cresceu o interesse em combinarem o que poderíamos fazer no dia seguinte: assumiram sua própria organização.

Outra fase importante desse período foi a descoberta do que pertence e do que não pertence ao grupo. Por exemplo, nossos materiais ("esta caneta é nossa", "cadê o nosso lixo"), as crianças que são parte do nosso grupo etc. Contudo, essa descoberta era, ainda, nesta etapa, algo *externo* à própria ação das crianças. Algo que não tinha, ainda, sido operado, articulado, vivido por elas na ação.

Na primeira etapa, este *nosso* era falado e atualmente ele é vivido, feito, através da organização do trabalho delas próprias.

— Vamos fazer a marca da *nossa classe*, nos nossos bancos pra ninguém pegar...

— Olha a marca da fila (para lavar as mãos antes do lanche), não é pra ninguém sair da marca...

— Eu vou arrumar hoje a mesa do nosso lanche.

A partir do segundo semestre, tendo como objetivo proporcionar um maior domínio dos materiais, para que as crianças pudessem manipular com facilidade aqueles a que normalmente têm acesso, algumas mudanças na organização desses objetos e do espaço da sala foram feitas.

Os materiais da marcenaria foram pendurados e seus contornos marcados. A pasta de cada criança foi pendurada em uma das paredes da sala em altura acessível para que cada uma pudesse guardar seus desenhos, responsabilizar-se pela sua pasta, tendo, assim, constantemente uma visão dos seus trabalhos ("eu vou desenhar...", "minha pasta tá magra...", "eu hoje vou arrumar minha pasta"). Nossos brinquedos foram guardados numa prateleira (caixa de maçãs) juntamente com nossos instrumentos de música e nossa "livraria" (o caixote onde guardamos nossos livros) foi posta em cima de uma mesa.

Com estas mudanças, o desafio passou a ser manter a organização dentro das atividades.

— Olha, está faltando um martelo...

— Caiu uma pasta...

— Cadê a livraria? Tiraram do lugar...

Essa organização dos materiais desencadeou no grupo uma preocupação especial pela organização em geral, a organização das atividades, a da fila para lavar as mãos antes do lanche, a limpeza da mesa depois de trabalharmos com tinta, a organização do nosso "horário" de trabalho (em que anotamos todas as atividades que vamos desenvolver).

Com esses dados, meu objetivo foi trabalhar a sequência espaço--temporal, dentro dessa preocupação pela organização por parte do grupo. A concepção de tempo que uma criança de 4 anos possui é ainda bem precária, ela não consegue entender o tempo como uma linearidade de acontecimentos, através da qual os eventos ocorrem numa sequência ordenada, ou seja, elas não operam a sucessão, a ordem temporal e a duração.

Para elas o tempo é algo formado de "blocos" estanques: hora do lanche, hora da marcenaria. São pedaços de tempo, sem uma sequência ordenada entre os acontecimentos. A noção de tempo se encontra muito pouco coordenada nesse período.

Desse modo, em todas as ocasiões em que planejamos o que vamos fazer no dia seguinte, para que não esqueçam, lhes peço que documentem, anotem no papel, através dos contornos dos objetos e pendurem num lugar bem visível da sala.

Registrar no papel o que vamos vivendo, documentando assim a prática diária, é, a meu ver, um dado muito importante do nosso trabalho. É preciso, na verdade, que as crianças percebam gradualmente que o contorno dos objetos é um indicador da ação que vamos desenvolver mais tarde. É preciso que percebam que estamos fazendo uma escrita com os objetos desenhados antes daquela em que usaremos as palavras. E que já estão lendo!

No dia seguinte completamos as outras atividades do dia, por exemplo de registro desenhado do nosso dia:

Assim, temos as etapas de trabalho de um dia documentadas na sua sequência ordenada. À medida que terminamos cada atividade, voltamos ao planejado e riscamos com um traço o que já foi feito, vivido. Caso uma das atividades não esteja finalizada a tempo, deixamos as ações para o dia seguinte e vamos completando o registro com as novas atividades.

Ir marcando concretamente, através dos contornos dos objetos, o tempo em que estamos juntos, terminou por levar as crianças a perceberem que práticas distintas se dão em momentos diferentes, mas que todas as ações estão ligadas entre si, numa sequência temporal que constitui um dia de atividades na escola.

— O lanche... já chegou a hora do lanche. (Olhando na programação o que já tínhamos feito.)

— Se não voltarmos logo do parque não vai dar tempo de ouvir as histórias...

— Está na hora de acabar o parque?

— Está cedo ou tarde?

— Agora vem desenho e casinha...

O fato de terem fixado no papel, com esse tipo de escrita, o trabalho a ser desenvolvido, lhes proporcionou um domínio bem maior da própria organização. Terem "nas mãos" o planejamento diário do próprio trabalho, de sua organização, mudou a dinâmica da turma. A partir deste momento o grupo ganhou um outro ritmo. Um ritmo extremamente organizado, tranquilo e produtivo.

— Deixa eu ver o que é agora...

— Já decidi, vou fazer marcenaria.

— Acho que vou fazer as duas coisas, desenho e barro.

— Para, agora não faz barulho que está na hora de trabalhar...

Não será demasiado insistir na importância, para as crianças, de se sentirem autoras, com a professora, da programação de nossa atividade. Por outro lado, há também a importância de perceberem o que estão fazendo e o que deixam de fazer na programação geral. É exatamente esse tipo de vivência que as leva a reprogramar a programação já feita.

— A gente nunca mais brincou de casinha...

— Nem fez baralho.

— A gente precisa arrumar essa sala para poder ter jogo de futebol, amanhã.

— E instrumentos?[1] Nunca mais a gente tocou...

Depois desse trabalho, do qual resultou a compreensão temporal de um dia de atividade, observei nas crianças uma necessidade de pla-

---

[1] De modo geral, para nos referir a atividades musicais, usávamos a palavra *instrumento*.

nejar nossas atividades para o dia seguinte. Comecei então a trabalhar com elas os dias da semana. Os dias em que *tem escola* e os dias em que *não tem escola*.

Nesse instante fiquei em dúvida de como operacionar proposta tão abstrata. Na verdade, nada de concreto me ocorreu para representar os dias em que "tem escola" e os em "que não tem" – mas o mesmo não se deu com as crianças. Fiz o teste:

— Como é que a gente vai marcar, desenhar, os dias em que *tem escola* e os em que *não tem*?

Silêncio no início, olhares se cruzam, até que de repente alguém teve uma ideia:

— Faz uma bola pra quando tem escola. (Talvez lembrando-se da hora do lanche como algo de concreto.)

— Mas essa é a nossa marca do lanche...

— Então pinta a bola...

E assim os dias em que *tem escola* ficaram simbolizados pela *bola pintada*.

— E os dias que *não tem escola*?

— Só se fizer um pau (retângulo) de marcenaria...

— Também pode ser um palito.

— Pinta ele para ficar igual à bola...

Desse modo, a *bola pintada* passou a ser o dia em que *tem escola* e o *pau pintado*, o dia em que *não tem escola*.

Dia de escola, *bola pintada*.

Primeira sugestão,
pau (retângulo) *de marcenaria*.

Dia sem escola, *retângulo pintado*.

Os dias da semana, de segunda a domingo, são desenhados, marcados numa única folha, a cada segunda-feira:

Todos os dias, antes de começarmos a trabalhar, vemos se é mesmo dia de escola. Assim, passamos um traço no dia em que estamos:

Tenho sempre a preocupação da próxima segunda-feira continuar no mesmo papel do domingo, iniciando, dessa forma, outra semana na sequência:

Algumas crianças já perceberam a série que se repete (bola, bola, bola, bola, bola, pau, pau, bola, bola, bola...).

— Vai começar tudo outra vez...

— É igual, né?

Outra curiosidade que a marcação dos dias da semana desencadeou foi descobrir, *contar*, quantos dias de escola temos e quantos dias faltam para sábado e domingo.

— Puxa... Só tem duas bolas pra chegar sábado... Eu vou viajar.

— Só tem mais um dia... Depois eu vou pro sítio.

— Xi... Acabou os dias da escola... (Referindo-se ao fim da semana.)

— Hoje é o último dia que tem escola... E só dois que não tem.

A marcação dos dias em que tem escola vem proporcionando, da mesma forma que a programação das atividades do dia, um maior *domínio* da própria organização e do tempo vivido.

— Tem que combinar (o que vamos fazer no dia seguinte) e pendurar (na bola pintada correspondente ao dia seguinte), senão não dá.*

Gostaria de sublinhar como a minha participação no processo me fez também mudar. Como descobri uma nova significação para o ato de organizar. Foi assim que percebi que o espaço de trabalho, os materiais, sua disposição, tudo estava de fato *desorganizado*, antes da participação direta das crianças. Estava inadequado à nossa prática comum. Por isso, refizemos tudo. Reorganizamos prateleiras, redispusemos os materiais mais usados deixando-os ao nível de um acesso direto das crianças.

Parece-me interessante observar como, a partir da minha participação direta na organização e reorganização do nosso espaço pedagógico, as crianças começaram a ser mais exigentes com relação ao meu papel no esforço organizador.

---

* Depois de estabelecer símbolos para os dias da semana, passamos a pendurar a listagem das atividades do dia e do dia seguinte em suas respectivas bolas. Assim, a rotina se tornava mais concreta e as crianças percebiam que cada dia gerava um planejamento que iniciava com aquilo que tinham vivido no dia anterior.

— Por que você não arrumou todas as cartas do baralho, antes de começar o jogo? (Referindo-se ao fato de que eu estava procurando algumas cartas do baralho na hora do jogo.)

— Madalena, você não lavou a mão...

— E papel para desenhar, você não cortou?

Essas observações nos levam ao mesmo ponto que abordei no relatório anterior sobre a relação criança-professor, educando-educador, juntos no mesmo processo de buscas e conquistas. Tanto as crianças como eu buscamos, conquistamos uma organização própria dentro do nosso trabalho.

— Madalena, você está lelé (porque combinei algo para sábado) e tem escola amanhã? (Apontando-me para o símbolo de sábado.)

— Hoje vai ter vela com lápis de cera, já tá combinado, olhe ali. (Apontando para a programação pendurada do dia.)

Uma atividade dentro desse mesmo objetivo de seriar, que vem sendo desenvolvida desde este período, foi a partir do interesse pela bola de papel-alumínio (que estamos fazendo desde o primeiro semestre, aproveitando o papel-alumínio dos lanches).

No início tínhamos só uma bola que foi atentamente observada em seu crescimento diário:

— Todo dia ela cresce... Nunca vai parar?

— Só quando acabar o papel-alumínio...

— Deixa eu ver se ela tá pesada... Tá leve?

O peso da bola foi o primeiro desafio:

— Como pode? Nossa bola de papel-alumínio é maior que a bola de meia e ela é mais leve?

Silêncio e olhares meio perplexos que persistem sem respostas...

Um dia, alguém que não conseguiu colocar o papel-alumínio na bolona, então fez uma outra bola, que foi de imediato batizada de *a filha da bolona.*

— Nasceu... Nasceu a filha da bolona...

A partir de então, os *nascimentos* não cessam. Todos os dias temos uma bola a mais para a nossa coleção de bolas, que são associadas à ideia de família em que a bolona é o pai, a subsequente, a mãe, e as demais, os filhos.

Diariamente, na hora do lanche, as bolas são manipuladas e arrumadas segundo uma ordem decrescente de tamanho.

Tenho desenvolvido nesse horário um trabalho individualizado, pedindo que cada um *arrume* do seu jeito as bolas. Venho sistematizando essa manipulação diária, com cada criança, lançando desafios:

— Lembra? Essa bola não estava aqui ontem, você tinha posto ela perto daquela.

O nosso envolvimento, o das crianças e o meu, nesse tipo de prática, termina por nos ensinar, a mim e a elas, intensamente.

A mim por exemplo, vem me proporcionando o aprendizado de uma coisa óbvia: as crianças podem criar o seu próprio *material didático*, que são, no fundo, seus brinquedos.

Foi nessa convivência com elas que observei um interesse, por parte de algumas, em fazer as distinções entre funções dentro da escola.

— A Osmália (que trabalha na produção de materiais da escola) cuida dos brinquedos, das latas, lá na garagem...

— A Cida fica lá naquela sala que a gente dá as cartas.* (Referindo-se à secretaria.)

— A Maria limpa o parque.

— E a nossa classe também.

Creio que esse interesse corresponde à preocupação atual do grupo em dominar a organização de seu dia de trabalho, dentro do tempo em que estamos juntos. Ou seja, foi pela descoberta da própria organização que chegaram à descoberta da organização funcional da escola.

---

* Uma das atividades desta turma era a troca de cartas entre as crianças. Como já estavam no processo de alfabetização, elas trocavam correspondências e depositavam as cartas em uma caixa que ficava na secretaria.

A partir daí venho trabalhando, objetivando a pesquisa dessa organização no sentido de lançá-la em contato com as outras pessoas que atuam na escola. Assim, quando uma criança necessita de algo que não se acha entre os materiais básicos que temos na sala, ela vai à Osmália na produção, com um bilhete meu, e resolve o seu problema. Por isso mesmo, é que tudo que se refere à produção e ao trabalho em si da Osmália é comunicado ao grupo. Por exemplo: a produção teve que "fechar suas portas" às crianças para melhor organizar seu espaço, por causa do acúmulo de materiais, durante uma semana.

Essa medida foi previamente comunicada a elas e fizemos juntos uma lista dos materiais de que necessitaríamos durante o tempo em que se achasse fechada a sala da Osmália. Durante esse período, as crianças acompanharam o trabalho de arrumação realizado na produção. Alguns foram até lá acompanhando de perto o que se fazia.

A Maria, a faxineira, é invariavelmente procurada quando terminamos a hora do parque, ou mesmo antes, para avisar que "pode vir limpar o parque".

— Maria tá na hora de acabar o parque, pode vir...

— Maria a gente vai subir, pode limpar o parque.

A Zelinha (que mais frequentemente está pela cozinha) é sempre solicitada a ajudar com nossos bolos, chás...

— Deixa que eu levo o bolo pra Zelinha pôr no forno.

— A Zelinha falou que o bolo já está quase pronto...

Tenho observado a partir desse encaminhamento um maior respeito, por parte das crianças, pelas atividades que antes eram desdenhadas por serem, dentro de nossa sociedade, consideradas "inferiores".

— Sabe quem limpa o parque? É a Maria.

— Maria, você já chegou?... Cadê a pá? Tá sujo o parque, né?

— Zelinha cuida da cozinha...

Outra descoberta do grupo, correspondente a essa etapa, foi a existência dos demais graus e suas professoras. Nesse momento surgiu a preocupação em torno de uma marca (um símbolo) que nos identificasse.

Nossa marca surgiu de um gesto simbólico que eu sempre fazia quando ia enumerando as outras classes da escola com os dedos. Primeiro grau, um dedo; segundo grau, dois dedos; terceiro grau, três dedos; quarto grau, quatro dedos; quinto grau, cinco dedos.

E sempre que eu falava "terceiro grau", eles mostravam os três dedos. Daí pedi que tirassem o contorno dos três dedos, ficando assim a nossa marca do terceiro grau, que mais adiante foi simplificada por três traços.

A partir daí, então, foram coladas três tiras da fita-crepe na porta da nossa classe, indicando *a sala do terceiro grau*. Nossos bancos também foram marcados.

Agosto e setembro

Não sei se vou conseguir fazer o que me propus...

Minha intenção é a de fazer um relatório que seja fiel ao espírito das atividades que vêm sendo vividas por mim e pelas crianças.

Pensei em estruturar a redação em pequenos "atos", nos quais vou *relatando nossa prática, os diálogos entre as crianças e eu no decorrer do trabalho.* Em algumas ocasiões, quando necessário, abro parênteses, situando objetivos específicos, dando alguns esclarecimentos sobre a atividade etc.

Iniciarei relatando o trabalho de pesquisa corporal, que surgiu de um interesse na hora da conversa na roda.

— Hoje eu trouxe esse pintinho pra a gente ver.

— De que é feito esse pintinho?

— É de pelinho amarelo.

— Não, é de lã amarela.

— Esse pintinho é igual ao de verdade?

— Não, o de verdade tem pena.

— No meu sítio tem uma galinha que teve pintinhos, com as penas branquinhas.

— Ah, quer dizer que tem pinto que nasce com penas brancas e outros com penas amarelas? Como esse de brinquedo?

— Não, quando ele nasce a pena é bem amarelinha, como esse (de brinquedo), depois é que fica branca.

— Tem uns pintinhos no sítio que também é assim.

— Mas então, como é que tem uma galinha na minha casa que tem penas marrons?

Silêncio.

— Ah! Mas é que tem galinha branca e galinha de outra cor, uai!

— É.

— É, sim...

— Todo o mundo aqui tem galinha?

— Não!

— Eu só tenho no meu sítio.

— Eu tenho lá na minha casa em Figueiras.

— Eu não, eu moro num prédio, o zelador não deixa, ele briga!...

— E de onde saíram esses pintinhos lá do seu sítio?

— Do ovo. Ela botou o ovo lá no ninho e daí ele saiu do ovo.

— Na mesma hora o pintinho saiu?

— Não, ela teve que ficar sentada muito tempo... Chocando...

— É, e aí foi esquecendo o ovo e ele saiu...

— Vocês querem que eu traga amanhã uma galinha lá da minha casa?

— Oba! Eu quero!

— Eu também!

GENOVEVA VISITA A ESCOLA

— Minha gente, esta é a Genoveva! (Referindo-me à galinha.)

— Olha... O bico dela! É fininho...

— É pra ela pegar os milhos do chão.

— E a gente tem bico?

— Não... A gente tem uma boca.

— Mas pode virar (fazer) bico também...

— Nosso sapo tem bico?

— Não! (Risos.)

— Ele tem uma bocona que faz croac, croac...

— A boca é como um buraco...

— A gente tem outros buracos no nosso corpo?

— Tem sim! Tem o nariz... Um buraco, dois buracos...

— E o ouvido!

— Também tem dois buracos...

— E o cocô.

— Por onde sai o cocô?

— E por onde sai o xixi?...

— Então quantos buracos são, vamos contar?

— Um, dois, três, quatro, cinco, seis, sete...

— Ah, mas faltou um!

— Faltou? Qual?

— E por onde sai o neném? Você não falou que não era do mesmo buraco do xixi, lembra?

— Você tem razão, faltou um mesmo: por onde sai o neném, a vagina. Então na mulher são quantos buracos?

— Oito.

— E no homem?

— Sete.

(Aqui, cantei alguns trechos da música de Caetano Veloso, "A tua presença/ Entra pelos sete buracos da minha cabeça/ A tua presença/ Pelos olhos, boca, narinas e orelhas...")

— Que pena branquinha!

— Ela tem uns buraquinhos aqui... o que é isso, Madalena?

— O que é isso, minha gente?

— É o nariz! É o nariz!

— O olho dela é amarelo...

— Será que ela também tem ouvido?

— Tem sim! Senão ela não escuta o galo!

— Tá aqui, tá aqui! Achei!...

— Olha! Ela abriu o bico.

— E o que tem lá dentro? Será que é igual à gente? Ela também tem dente?

— Deixa eu ver... Não! Ela tem é uma língua! Uma língua!

— Língua?

— É sim! Eu também vi!

— E o que é isso aqui? (Abrindo as asas.)

— É a asa dela. É igual (corresponde) ao braço da gente.

— Só que ela não tem mão, nem dedo...

— E pé, tem?

— Tem, sim.

— Não é pé, é pata.

— E a nossa cobra do museu tem pata?

— Não!

— Mas então, como que ela anda?

— Se arrastando!

— Quem anda como cobra aqui?

Mais que depressa, tínhamos dezessete cobras arrastando-se pelo chão...

— E como Genoveva, quem consegue andar?

— Eu consigo, có, có, có!

— Có, có, có, có, có, có, có...

E cantamos a música do galo carijó.

— Vamos fazer uma marca para ela usando a pata?

— Vamos.

— Eu vou pegar o papel.

— Eu pego o lápis.

— Engraçado, a pata dela, tem quantos dedos?

— Um, dois, três. Tem três.

— E a gente? Quantos dedos a gente tem?

— Cinco.

— Cinco numa mão e cinco na outra.

— E no pé? A gente também tem dedos?

— Tem sim, tem igual na mão!

— Me dá o lápis que eu vou fazer a marca da minha mão.

— Essa parte da galinha está grudada aonde? (Referindo-me ao pé da galinha.)

— Na perna dela, uai!

— Eu gosto de comer perna de galinha...

— Não é perna, é coxa de galinha!

— Onde que fica a coxa da galinha?

Silêncio.

— A gente tem coxa?

— Tem! (Risos.)

— A coxa é aqui nesse mole... (Tocando a própria coxa.)

— É...

— Depois da coxa vem o joelho e essa parte...

— A canela.

— Canela? (Risos.)

— Essa parte que gruda com o pé.

— O que é que tem embaixo dessas penas? (Digo levantando, e até puxando, algumas penas.)

— Tem pele.

— Pele? E a gente também tem pele?

— Tem sim!

— Ela (a galinha) tem pena e a gente tem cabelinho! (Passando a mão no cabelo e nos pelos do braço.)

— Olha ela se equilibrando numa perna só!

— Ah, eu também sei fazer isso!

— Eu também.

— Eu consigo...

— Mas quem consegue andar com uma perna só?

— Igual ao saci...

— Eu vou um pouco, mas caio logo...

— Consegui, consegui!

— Descobri um jeito! Anda segurando na mesa que a gente consegue...

— Boa! Quanto saci! Que equilíbrio! E a galinha voa?

— Voa!

— Voa não, ela não é passarinho...

— Ela só voa um pouquinho, no chão...

— Eu já vi lá no meu sítio uma galinha dar uma voada e ficar lá em cima...

— Pois a Genoveva mesmo adora dormir em cima do poleiro dela, ela chega lá em cima voando... Com as asas.

— É, ela faz assim ó... (Fazendo movimentos de subir e baixar os braços representando o ato de voar.)

— Quem consegue fazer esse movimento de voar?

— É fácil... Eu consigo.

— Eu também ó, ó, ó.

— Eu já vi um homem voando lá na televisão. Ele fez uma asa pra ele e ia puxando um cordãozinho e voava!

— Puxa vida, ele mesmo construiu sua asa! Igual à gente na marcenaria, quando a gente faz, constrói, nossas espadas?

— Ela mexeu a cabeça igual à lagarta da história que você contou, Madalena. (Mudando de assunto.)

— É pra frente e pra trás...

— Ela tava falando "sim"!

— E onde que está grudada a cabeça dela?

— No pescoço.

— E nossa cabeça, também?

— Também!

— Meu pescoço é fino.

— O teu é gordo...

— Vamos ver se a gente consegue cantar a música do "mexe, mexe, mexedor" com o pescoço igual à Genoveva? (Proposta feita para explorar o movimento circular e salientar bastante essa parte do corpo que antes era esquecida.)

— Quem topa comer galinha assada amanhã?

— Eu!

— Eu!

— Eu também!

A GALINHA ASSADA

Com a galinha assada pudemos trabalhar mais minuciosamente as partes do corpo, as articulações e o corpo "por dentro": ossos, sangue, veias, músculos e coração.

— Você trouxe o que a gente combinou pra fazer hoje?

— Trouxe sim!

— Ela trouxe! Ela trouxe a galinha!

Pusemos "a galinha", o frango, no meio da roda e fomos observando quais as diferenças do frango morto com a Genoveva.

— Onde está a cabeça dela?

— Está aqui (mostrando a cabeça da galinha), mas eu não sei onde é o lugar dela, vocês lembram como que era com a Genoveva? Onde ia a cabeça?

(Meu objetivo com esse encaminhamento foi compor com os pedaços do frango que já estavam cortados – cabeça, pescoço, corpo, pés – um "quebra-cabeça", no qual as crianças fossem encontrando no corpo da galinha a parte correspondente que faltava. Ao mesmo tempo, elas puderam encontrar no próprio corpo suas partes, o que resultou num jogo muito engraçado que relato no final.)

— (A cabeça) ia grudada aqui (mostrando o correspondente ao nosso tronco) nessa parte...

— Mas a Genoveva tinha pena... E essa não tem.

— Foi o homem no açougue que tirou.

— Não, não foi assim, não...

— Como foi então?

— Não sei...

Silêncio.

— Tem que dar um banho nela... Eu vi lá no sítio.

— De água quente ou fria?

— Acho que é quentinha porque senão ela sente frio, né?

— É, ela sente frio. E também, com água quente, as penas saem mais fácil. E essa parte aqui, aonde que vai? (Referindo-me aos pés.)

— Aqui na perna, junto da coxa.

— Não é na coxa, é aqui... (Mostrando a canela ao mesmo tempo no próprio corpo e no da galinha.)

— Na canela (risos), não é, Madá?

Assim montamos o "quebra-cabeça" da galinha.

— Vamos cortar as partes da galinha?

— Vamos!

— Oba, oba!

— Por que você dobra a perna dela pra partir? (Querendo dizer "cortar" em vez de "partir".)

— Ah! Isso é uma coisa muito importante... Por que a gente consegue dobrar a perna?

Todos dobrando e esticando as pernas.

— O que aparece quando a gente dobra a perna?

— O joelho.

— E quando a gente dobra o braço?

— Esse osso aqui, pontudo...

— O cotovelo. E que outras partes a gente consegue dobrar?

— O dedo...

— A cabeça.

— Pois, se a gente não tivesse essas partes (referindo-me às articulações), esses "ossos" meio moles que deixam a gente dobrar e esticar, como que a gente ia ficar?

— Tudo duro. Igual à história do boneco de madeira...

— É por isso que eu tenho que cortar a galinha, justamente nessa parte em que o osso dobra.

— Xi! Olha, tem um pouco de sangue aqui, nesse pedaço...

— Eca, eu tenho nojo!

— Pois eu não, eu até pego, ó...

— E eu também, parece tinta...

— E isso aí, azulzinho, o que é?

— O que é?

— É a veia!

— É sim! É sim!

— Olha! Vem ver! Galinha também tem veia!

— Igual à gente, aqui no braço.

— Eu já tirei sangue da veia...

(Vale a pena fazer um comentário aqui para falar da importância das descobertas das crianças. É fundamental que tomem consciência de que *elas* estão fazendo, conquistando, *elas* estão se apoderando do seu processo de conhecimento. E que elas e o professor, igualmente, são sujeitos desse processo da busca do conhecimento. O papel do professor não é o de "dono da verdade", que chega e disserta sobre o "corpo e seu funcionamento", mas sim o de quem, por maior experiência e maior sistematização, tem a capacidade de devolver às crianças, de modo organizado, as informações do objeto de conhecimento.

No caso que descrevo: o corpo por dentro, a ser estudado. Quando digo que o professor também está estudando, buscando o conhecimento juntamente com as crianças, digo isso concretamente, pelo que estou vivendo com elas nas descobertas do corpo por dentro. Realmente, tive que parar e estudar anatomia para poder encaminhar, organizar nossas descobertas.)

— Em que veia você tirou sangue? Em que lugar?

— Aqui no meu braço.

— A gente tem veia em outro lugar?

Silêncio.

— Achei! Achei uma aqui na minha mão!

— Eu também! Bem atrás do meu dedo...

— Tem mais aqui pelo braço! Olha, olha Madalena!

— Na cara dele! Eu tô vendo uma veia...

— Puxa vida! Até na cara tem! Mas pra que tanta veia?

— É pra passar o sangue!

— Tem pela perna também!...

— No pescoço!

— Tem em todo canto, tem veia no corpo inteiro?

— Como uns canos...

— É, pelo corpo inteiro tem veia levando sangue... Mas eu não sei pra onde...

(Em certas ocasiões lanço perguntas que ficam no ar, para depois retomá-las.)

— Olha que osso mais pontudo! Pode até cortar! Um perigo perigoso... (Referindo-se ao frango.)

— Mas esse aqui é pequenininho... Eu até consigo quebrar.

— A gente tem osso?

— Claro que tem!

— E se a gente não tivesse?

Silêncio.

— A gente caía?

— É, caía, sim, porque...

— Por quê?

— Esqueci...

— Porque o osso é duro, ele aguenta a gente.

— É, aguenta sim, viu, Madalena? Aguenta sim!...

— Esse osso meu aqui da perna... É que segura (que liga) o meu pé.

— E no pé tem osso?

— Tem, tem sim!

— Até no dedo! É, até no dedo tem...

— Na cara também, tem no nariz...

— Olha esse osso de bola (falando do tornozelo), parece um joelho pequeno!

— Quem consegue sentar com o pé e a perna guardada? (Referindo-me a sentar de pernas cruzadas, como em posição de yoga, para explorar a posição correta de alinhamento da espinha.

— Eu consigo!

— Eu também...

— Pois, vamos balançar pra cá e pra lá, pra cá, pra lá.

— Como uma cadeira de balanço...

— Isso mesmo!

— Eu tenho dois ossos no bumbum aqui... Que quando a gente balança dói...

— É mesmo! Eu também estou sentindo!

— Eu também tenho!

— É mesmo...

— Como será o nome dele?

— E osso tem nome? (Risos.)

— Tem!... Mas eu não sei o nome desse...

— Você não sabe?

— Não, não sei. Eu tenho que estudar para descobrir, descobrir igual a vocês, o nome desse osso...

— Quem descobrir vem e conta na hora da roda, né?

— O que é essa bolinha vermelha?

— Ah! É o coração!

— Lá em casa eu sempre como o coração da galinha... Eu adoro!

— É tão pequenininho!

— Todo mundo aqui tem coração?

— Tem! Se não tiver, morre...

— O meu está batendo!

— O coração bate o tempo todo.

— É, porque se parar a gente morre, meu pai que falou, ele é médico!

— O meu também é!

— Minha mãe é que é...

— Um dia eu escutei meu coração...

— Como é que a gente escuta o coração?

— Com aquela coisa...

— O estetoscópio.

— É... Que põe no ouvido e no coração e daí a gente escuta: tum, tum, tum.

— Ah... Se a gente tivesse um estetoscópio pra gente escutar nosso coração... Será que o seu pai empresta?

— Manda um bilhete pro pai pedindo... (Todos.)

— Boa ideia! Vamos fazer isso mesmo!

(Foi nessa hora que me deu o estalo! É assim que os pais entram no grupo: através do trabalho do dia a dia, do agora. Porque os pais também estão no mesmo processo – como educadores que são – de busca do conhecimento juntamente com as crianças.)

— Eu pego a caneta.

— Vou pegar o papel.

— Não, você não, toda vez é só você. Agora sou eu...

— Como que a gente vai dizer no bilhete?

— A gente precisa do *testocópio*. (Querendo dizer "estetos-cópio".)

— Pra a gente escutar os sons do coração.

— E do corpo por dentro.

E assim fomos redigindo: "Estamos precisando de um estetoscópio para a gente escutar o coração..." Em determinada altura, alguém falou:

— Mas meu pai não vai emprestar porque quebra.

— A gente vai deixar quebrar?

— Não! A gente cuida bem direitinho...

— Então precisamos dizer isso no bilhete: "Nós vamos cuidar muito bem dele, não se preocupem..."

Vale a pena ressaltar a alegria e a importância que deram à redação do bilhete, o cuidado que tiveram em guardá-lo na lancheira para não perder: "É pro pai e pra mãe... Não pode perder."

Voltamos a receita. Cortadas e temperadas todas as partes da galinha, levamos ao forno. Quando ficou pronta, fomos relembrando tudo que fizemos enquanto comíamos: como cortamos, quais são as partes da galinha.

Foi aqui que surgiu o jogo de *cortar as partes da galinha*, que consistiu em cada criança ir "cortando" – gesto simbólico de cortar – com a faca as partes da galinha. Cada criança era uma galinha.

— Vou cortar a asa (referindo-se ao braço da outra criança) e agora a outra asa...

— A coxa... A canela... O pé.

— A cabeça, o pescoço...

— Só ficou o tronco...

E iam passando a mão pelo tronco de cada um para ressaltar, de modo mais forte, o tronco, a espinha como eixo central do nosso corpo.

No dia seguinte da remessa do nosso bilhete, foi uma "chuva" de estetoscópios na sala...

— Eu trouxe! Meu pai deixou trazer!

— Eu também trouxe! Olha o meu!

(Para uma criança de 4 anos o seu corpo por dentro é um mundo mágico, cheio de mistérios que ela não consegue entender corretamente. Foi partindo de um ruído real, dando umas batidinhas no estetoscópio ou pondo-o na mesa e batendo com o lápis, que começamos a trabalhar com ele. Pois, caso contrário, se apenas escutássemos os sons do corpo sem entender o funcionamento causa-efeito do estetoscópio, reforçaríamos a visão mágica do mundo.)

— Não dá pra escutar assim... Tá muito barulho!

— Faz silêncio!

— É o *mundo do silêncio* agora...

(O mundo do silêncio vem do trabalho de música, quando todas as portas e janelas são fechadas e ficamos na penumbra. Aqui outro dado do pensamento pré-operatório, no qual o mundo é "pensado" concretamente. Para fazer silêncio total é preciso estar apoiado numa situação concreta: fechar todas as portas e janelas, simbolizando a noite – momento em que tudo cala quando se faz silêncio, para "fazer o mundo do silêncio".)

— Agora, escutei... Bate igual. (Querendo dizer que tem sempre o mesmo ritmo.)

— Escutei, faz, tum, tum, tum–tum, tum–tum...

E os olhos brilhavam assim que escutavam as primeiras batidas!

— O meu bate baixo...

Nos dias que se seguiram, levei um osso de boi enorme (parte da perna) para comparar com os da galinha, que guardamos no museu, e com os que sentíamos no nosso corpo. Trouxe também um coração de boi, o que causou espanto e admiração a todos...

— Que ossão grande!

— Esse boi era grandão...

— O osso de galinha era bem pequenininho.

— De que parte do boi será esse osso?

— É do joelho! Olha a bolona aqui.

— Ele fica assim, ó... (Ficando de quatro e pondo o osso corres-pondendo a uma das pernas.)

— Será que tem alguma coisa dentro desse osso?

— Será...

— Me dá aqui que eu quebro ele no chão.

— Xi! Só serrando com serrote.

Depois de um grande esforço por parte de todos, cada um serrou um pouco e o osso ficou dividido no meio...

— Olha tem uma massinha... Tem feito uma massinha branca!

— Feito um farelo de pão...

— Aí, eu não gosto...

— Com esse farelinho, essa massinha, se faz uma sopa deliciosa... Se chama tutano.

(Enquanto observávamos o coração de boi, comparamos com o coração da galinha, redigimos mais um bilhete "pro pai e pra mãe"...)

— Que grande!

— Ele (o coração) deve fazer um barulhão...

— O da galinha faz baixinho...

— O que é essas coisas feito um canudo? (Referindo-se às artérias.)

— O que é?

— É a veia! É a veia do coração.

— É por onde vem o sangue...

— Ah! Então o sangue do corpo da gente vem até aqui, no coração?

— É sim, vem e entra aqui nessa veiona...

— E como será o nosso coração? Será que é igual a esse?

— Não sei...

— Ah! Não é grande assim, não...

— Será que em casa tem algum retrato do coração? Vamos mandar um bilhete perguntando?

— Vamos!

E redigimos o nosso segundo bilhete:

Nós escutamos nosso coração e já vimos o coração da galinha e do boi, mas a gente não sabe como é nosso coração. Quem tem uma fotografia do nosso coração que a gente possa ver?

Aos poucos chegaram fotos de revistas, radiografias com bilhetes do pai explicando a imagem (o que provocou grande respeito) e livros sobre o coração e o funcionamento do corpo em geral.

Atualmente estamos vendo, *estudando*, esses materiais, mas o que já pude observar muito claramente *em todos*, como reflexo desse trabalho que estamos vivenciando, é uma forte consciência do próprio corpo, de suas partes e de seus membros. Isso se revela, por exemplo, no desenho da figura humana, com todas as partes do corpo bem salientes. Surgiu, inclusive, uma construção na areia, por um grupo de cinco crianças, de uma figura humana gigantesca. A construção foi feita salientando o contorno do corpo com todas as suas partes.

Voltando à sala, relembrei o que vi no parque, dei uma folha de papel bastante comprida e pedi para mostrarem o que tínhamos visto na areia. Isso porque penso que é importante que as crianças *documentem* concretamente, através do desenho, suas experiências, suas vivências, *seu trabalho*.

Esse é um dado que o professor sempre desenvolveu para que elas próprias se organizassem. E assim surgiu o nosso gigante: cada criança desenhou uma parte dele.

Concluindo, o que tenho observado, sentido nas crianças (e em mim), como reflexo do nosso trabalho, é um grande entusiasmo, os desafios sendo enfrentados com alegria e prazer. O que nos dá a certeza de que a busca do conhecimento não é, para as crianças, preparação para nada, e sim *vida aqui e agora*.

RELATÓRIOS DE ATIVIDADES
ESCOLA DA VILA, 1981

Da esquerda para a direita, a partir do alto: Maurício, Madá, Juja, Madalena, Avana, Tula, Acauã, Dani, Tamara, Rogério, Emília, João e Vadico.
Foto: Renato Teixeira Lopes.

MARÇO E ABRIL

A PAIXÃO DE CONHECER O MUNDO

Gostaria de escrever este relatório sem dividi-lo em áreas, sem falar exclusivamente das atividades e de seus objetivos em si, mas tentar passar para vocês o "pulsar" vivo de nossas descobertas diárias, de nossas dúvidas, *o descobrir o mundo*...

Gostaria de poder passar o vivo de nosso envolvimento, essa constatação óbvia, mas intensamente forte, de que nós estamos vivendo juntos. Nós estamos habitando, construindo esse espaço da sala. Esse local é um pedaço de cada um de nós, ele é nosso.

Nosso corpo se localizou primeiramente no espaço da sala e se alongou até à parede do parque, com o desenho do ANEQUIM (um tubarão que mede 12 m).* Um corpo que se alonga através da NAJA pelo corredor da escola... Como um corpo de um gigante que vai conquistando, aos poucos, o todo espacial... Que sai desse prédio e começa a conhecer as ruas do bairro onde está a escola e onde muitos moram, o que acontece com a visita à casa da Avana.

---

* Ver p. 178 do *Livro de nossas estórias* para um registro de Anequim.

Nós estamos juntos nos conhecendo e descobrindo e conhecendo o mundo.

Todo esse processo de busca e descobertas nos desvela o processo educativo, a educação como um ato de conhecimento, que nunca se esgota, que é permanente e vital.

Tão vital como foi descobrir que "borboleta põe ovo?!", quando descobrimos aqueles pontinhos brancos na parede. Confesso que nem eu mesma imaginava que fossem ovos.

Esse instante foi de festa: todos se abraçando, beijos para cá, beijos para lá… E foi assim que surgiu nossa primeira palavra geradora: OVO.

— Oba! Oba!

— Viva! Viva!

— Será que é mesmo ovo de borboleta?

— É sim, Madalena! Olha ela aí do lado!

— É... E está morta.

— Coitada, pôs tanto ovo que morreu...

— Vamos contar quantos tem?

...

— 230 ovos!...

— Até cansei de contar...

— E o que será que vai sair daí?...

— Borboleta, ora!

— Já direto?

— Não...

— Vamos estudar amanhã no livro pra gente saber?

— Vamos!

No dia seguinte iniciaram nossos estudos sobre borboleta. Descobrimos que dos ovos iriam sair larvas que iriam crescer, e logo em seguida se tornariam lagartas que se transformariam em casulos e depois borboletas.

Descobrimos que as borboletas vivem para pôr os ovos, que não se alimentam, e morrem em seguida depois de postos os ovos. À medida que íamos fazendo essas descobertas, íamos registrando (decidimos fazer os registros através de desenhos, as crianças mesmas iam desenhando) no nosso "quadro das descobertas", e o que ainda não sabíamos, ou sobre o que não tínhamos segurança, anotávamos no nosso "quadro de dúvidas".

Tenho tido sempre a preocupação de marcar bem para as crianças que estamos descobrindo, conhecendo, aprendendo. E, tudo o que vamos aprendendo, socializamos. Isso vale tanto para as descobertas e conquistas individuais quanto para as descobertas do grupo.

Depois de alguns dias, antes de começarmos a roda, perguntei se alguém tinha visto os ovos da borboleta (olhávamos todos os dias para observarmos as mudanças). E, quando olhamos para a parede, vimos umas "linhas" marrons com bolinhas pretas mexendo-se, saindo dos ovos...

— Minha gente o que é aquilo?...

— Nasceram! Nasceram! Nasceram!

— As larvas saindo do ovo...

Eu, toda arrepiada, com os olhos cheios d'água...

Abraços, beijos, obas e vivas, e dessa vez mais estridentes e mais demorados...

Um clima de emoção e alegria envolvera a todos como se estivéssemos em "estado de graça"...

Baixada a poeira, chamei-os numa roda e propus que registrássemos no papel toda a história da borboleta até aquele dia, eles desenhando e eu escrevendo.

Foi com essa experiência de registrar a história da borboleta que me deu o estalo (!): nós poderíamos escrever, registrar todas as nossas experiências como um diário da vida do grupo. E foi assim que nasceu o *Livro de nossas estórias* do pré...

Tínhamos visto que as larvas assim que nascem já comem, precisávamos, então, pôr comida para elas.

— Elas comem que folhas?

Saímos para o parque à procura de folhas variadas, pois não sabíamos quais comiam.

Pusemos as folhas com elas, e as larvas nada de comerem... Combinamos então que traríamos de casa outras folhas: couve, alface e folhas de amora.

Nada... Continuaram sem comer. Até que um dia morreram. Constatamos que não poderiam mesmo viver sem comer por tanto tempo. Mas tivemos sorte, pois Marina, mãe do Acauã, nos mandou duas lagartas num vaso de samambaia. E agora tínhamos certeza de que viveriam, pois sabíamos que comiam folhas de samambaia.

Il, professora do jardim I, trouxe outra lagarta que também comia samambaia, e logo depois Juja e Emília trouxeram mais quatro! Uma verdadeira "criação" de lagartas, que atualmente observamos à espera do casulo...

Paralelo a esse estudo das borboletas, estudamos também as aranhas e logo depois as cobras...

Fomos ao Butantã para nos certificarmos de que nossas descobertas eram corretas e para esclarecer nossas dúvidas: "é verdade que tem aranha de 8 olhos?"

— Que aranha é essa (a mão peluda)?

— Essa nossa aranha se chama TARÂNTULA.

Quando escrevi TARÂNTULA, alguém gritou:

— Olha! Tem TULA.

— O que tem TULA? Aonde?

— Aqui em TARÂN-TULA.

— E também tem TATU.

— É o TA de Tamara e o TU de Tula!

E surgia, assim, nossa segunda palavra geradora: TATU.

Antes de sairmos para o Butantã, cada um pendurou o seu "crachá" – um cartão com o nome, telefone e endereço da escola e assinou o nome.

Combinamos todas as regras, o que podia e o que não podia no passeio: "todo mundo sempre junto do grupo", "não correr, nem sair na frente sem avisar para onde vai" etc.

Preparei fichas onde pudéssemos anotar, desenhando, tudo o que quisessem.

No Butantã ficamos loucos... Aquela variedade enorme de cobras e de aranhas, todo mundo querendo copiar os nomes das cobras e sem parar de desenhar.

Fizemos nossas perguntas, mostramos nossas aranhas e, para nosso espanto, soubemos que eram muito perigosas. Simplesmente, a tarântula era uma caranguejeira...

Chamo sempre a atenção deles para a necessidade que temos de ser curiosos toda vez que levantamos hipóteses sobre algum objeto em estudo ou quando testamos o conhecimento que fizemos do objeto. Foi o que fiz ao irmos ao Butantã para confirmar nossas descobertas. Esse testar sempre vale para tudo. Se fazemos "tinta" com papel crepom – vamos depois testar se virou tinta mesmo.

Descobrimos também qual a diferença entre uma cobra venenosa e uma não venenosa e que o veneno da cobra é como a saliva – jamais acaba. (Vimos os cientistas retirarem o veneno.)

Venenosa

Não venenosa

Mas a ida ao Butantã deixou-nos intrigados:

— Como que faz o soro para a mordida da cobra?...

— Não sei muito bem, mas acho que o pai do Vadico pode explicar pra gente, será, Vadico? (O pai do Vadico trabalha em um centro de saúde.)

E deixei a pergunta sem resposta por um tempo.

Depois da ida ao Butantã, observei nas crianças curiosidade em saber como era uma cobra por dentro. Tínhamos uma cobra na classe, então perguntei:

— Vocês topam dissecar uma cobra?

— O que é isso?

— É abrir a cobra e ver como é por dentro.

— Eu topo! Eu topo!

No primeiro momento pensei em eu mesma abrir a cobra, mas depois, refletindo, cheguei à conclusão de que Júlio, pai do Rogério, poderia dissecá-la melhor do que eu, além da oportunidade de ter um pai trabalhando conosco na sala. Acredito que nesse processo de descobrir, de conhecer o mundo, estamos todos nós juntos: eu, as crianças e vocês, os pais.

É importante que as crianças percebam que o professor não é dono do saber, que seu pai, todos os pais também sabem. Que eles podem vir à escola TROCAR conhecimentos conosco.

Outro ponto que quis trabalhar com a vinda dos pais foi a figura masculina dentro da escola. Essas visitas também se estenderam a um tio e a um irmão.

Falei com o Júlio e ele topou. Então marcamos o dia para a sua vinda e avisei às crianças. Na véspera, no momento da roda, fizemos o bilhete para vocês, pais, comunicando a vinda do Júlio. Usando o mimeógrafo, cada um rodou o seu bilhete. Depois pedi que fizessem uma fila e que cada um viesse me dizer o nome da mãe e do pai para que eu escrevesse no bilhete.

Com esse encaminhamento senti nas crianças um sentimento forte, que não sei bem explicar, mas me pareceu algo assim como se estivessem recebendo "um diploma de filhos"... Todos numa postura de muita atenção, responsabilidade, com o bilhete nas mãos...

E o Júlio chegou no dia seguinte, a cobra e os materiais no meio da roda e a dissecação iniciou-se.

Observei nas crianças, durante a dissecação, a cobra nas mãos do Júlio, uma grande alegria por terem sua curiosidade desafiada. Em certos momentos, espantos: "cobra tem coração?"

No final todos se despediram efusivamente do Júlio com:

— Obrigado, Júlio!

— Parabéns, Júlio!

— Tchau, Júlio!...

Transcrevo aqui as impressões do Júlio:

> Gostei muito de ter dissecado a cobra no pré. E a sensação dominante foi a sensação de brincar. Diverti-me enquanto desenvolvia essa atividade. Como nunca tinha dissecado essa espécie, a curiosidade prévia (por exemplo, as proporções dos diversos aparelhos anatômicos, órgãos específicos da cobra) e a pesquisa tornaram a atividade muito agradável. O prazer advindo de poder trabalhar com a escola e com as crianças permeou toda a atividade.
>
> Contudo, devo ainda acrescentar que a minha expectativa de ampliar a integração, já existente com as crianças, era maior do que a, eu acho, que se verificou.

A DISSECAÇÃO

Reunimo-nos no chão, em círculo.

Coloquei a cobra (de mais ou menos 20 cm), cinzenta, sobre uma placa de isopor, na posição de "barriga para cima".

A cobra foi aberta em planos. Inicialmente fez-se uma incisão na pele, bem vertical, da cabeça ao rabo, destacando a pele do corpo e prendendo-a com alfinetes no isopor. Muitas crianças trabalharam na preparação e colocação dos alfinetes.

Abaixo da pele encontramos uma série de anéis superpostos que funcionam como uma capa de proteção para a cobra. Afastado esse conjunto de anéis (de modo semelhante ao feito com a pele), encontramos, logo abaixo, os órgãos internos.

O fígado foi o primeiro órgão que se destacava. Perguntei às crianças o que era aquilo e a resposta foi obtida foi: "cocô". Perguntaram pelo coração. Retirou-se o coração e passou de mão em mão.

Expliquei o que era o tubo de comida (aparelho digestivo) e passei a extraí-lo. Falei como esse aparelho possui várias formas no seu trajeto (estômago, intestino etc.). Após a sua retirada, ficou mais fácil identificar o restante dos órgãos. Por fim, identificamos dois órgãos amarelos (bilaterais) na altura dos rins, multinodulares, que logo de início não sabíamos o que eram. Concluímos que eram as "ovas".

A segunda visita foi do Gogui, pai do Acauã. Um dia o Acauã trouxe de lanche um pão gostosíssimo, perguntei quem tinha feito e ele me respondeu que tinha sido seu pai. Mandamos um bilhete para o Gogui no mesmo dia, dizendo que tínhamos gostado muito do pão e perguntando se ele poderia nos mandar um para o nosso lanche do dia seguinte...

Tenho lançado com frequência a proposta de "lanche para todo mundo", onde venho pretendendo viver o prazer de comermos todos juntos. Antes, cada um lanchava em sua mesa e eu ficava de fora. Falei sobre isso com o grupo. Disse que não gostava de ficar por fora e fiz uma proposta: comermos como num piquenique em volta de uma toalha redonda, todos juntos. Aceitaram.

No outro dia, tivemos "pão do pai" do Acauã e requeijão (!) para o lanche!

Enquanto comíamos, perguntei:

— Que tal chamar o Gogui pra ensinar como se faz esse pão?

E a resposta veio de boca cheia:

— Manda o bilhete...

Conversei com o Gogui, que me falou que poderíamos também trabalhar com MICRORGANISMOS, partindo do levedo – "bichinhos" que não fazem mal ao homem. Concordei. Passamos um tempo à espera de chegar o fogão da escola, mas enfim chegou o dia.

Foi uma tarde (o Gogui ficou conosco toda a tarde) de muita agitação e principalmente de muito trabalho. Primeiro, fizemos o pão e anotamos todo o processo: a receita. E, enquanto esperávamos a massa crescer, lanchamos todos em volta da nossa toalha.

Pusemos o pão no forno como quem carregava um importante troféu e voltamos para a sala para fazermos "a experiência com o levedo", que foi para mim fascinante.

Descobrimos um instrumento que chamou a atenção das crianças e aproveitei para introduzi-lo como palavra geradora: PIPETA. Escrevemos, eu de um lado da mesa, e o Gogui do outro.

Gostaria de aproveitar para falar de como nesse processo de descobertas tudo anda junto. Não existem compartimentos estanques: ciências, artes plásticas, alfabetização etc. As descobertas abrangem, invadem todas as áreas.

Estamos vivendo o deslumbrarmo-nos em descobrir. É conhecer uma PIPETA, ao mesmo tempo como se faz pão e aprender que o CA de PIPO-CA junto com o PETA de PI-PETA dá CAPETA...

As impressões do Gogui:

Estive com a classe do pré e fizemos pão juntos. Em seguida comentamos a utilização de um microrganismo (a levedura) no processo de fazer pão. Indagou-se a seguir sobre a existência de organismos muito pequenos no ambiente que nos cerca. Concluímos que seria possível detectar esses bichinhos alimentando-os abundantemente de maneira que cada um produzisse muitos "filhinhos", ficando uns sobre os outros até formar uma colônia visível.

Investigamos os dedinhos, a superfície da mesa, chão, maçaneta da porta, o ar etc. Dias depois todos viram os resultados nas placas de Petri.

A experiência foi excelente para mim. O interesse da turma foi intenso, os apartes e perguntas, algumas vezes surpreendentes, senão pela penetração, pelo humor. Madalena coordena as atividades com maestria admirável, movendo-se sem aparente resistência naquele campo altamente energético e vibrante.

Pudemos observar depois de três dias como os micróbios de nossos dedos, do trinco da porta, da nossa toalha etc. cresceram nas placas...

— Puxa vida, tem tudo isso no meu dedo!

— Tem que lavar as mãos – disse –, tem que lavar as mãos.

— E não pode pisar na toalha!

O pão, afinal, pronto cheirando pela escola!

Demos de presente um pão a cada classe, e cada representante foi entregar com um laço de papel envolvendo o presente, ainda quente...

— E a minha mãe? Eu quero levar um pedaço pra minha mãe...

E então uma fatia foi embrulhada para o pai e a mãe:

— Põe o nome, é...

Depois do Júlio com a dissecação da cobra e do Gogui com o "bichinho que não faz mal para o homem", encaixei o Moisés (pai do Vadico) em "como que faz o soro pra a mordida da cobra" – esse sim, um bicho que faz mal ao homem, para assim chegarmos às VACINAS e "por que tomamos vacinas?"

Mandamos bilhete dizendo que o Moisés viria e todo mundo assinou.

Moisés viu nossas placas (de Petri), sentou na roda e começamos a conversa, que aliás foi muito bem conduzida por ele.

E os comentários foram surgindo:

— Puxa, eu pensava que cavalo só servia pra andar de cavalo... (Quando vimos o processo para obtenção do soro.)

Vimos também como o homem obtém a vacina para combater os micróbios (que vimos crescer nas placas) que nos causam doenças. Descobrimos como conseguimos prevenir as doenças: uma alimentação adequada. As crianças mantiveram-se interessadas todo o tempo, participando, perguntando, clareando suas descobertas.

— Sabia? Eu perdi a luta com o micróbio, fiquei com um febrão um tempão...

As despedidas, no final, vêm sendo bastante efusivas, e a do Moisés também:

— Tchau, Moisés!...

— Viva Moisés!...

As impressões do Moisés:

A experiência de "aula" com os meninos foi extremamente curiosa. Tiveram vários pontos que vale a pena relatar.

Cheguei à escola um tanto quanto apreensivo. Procurei, na medida do possível, material que pudesse ilustrar o conteúdo. Não achei e fiquei desapontado e preocupado. E agora? Bom, o negócio era estudar e verificar que "formas" aplicar para me "livrar" da terminologia médica. Como fazer para falar das anatoxinas, antígeno, anticorpo, moléculas, proteínas, imunidade, conjugados, complementos...

O dia foi chegando e a apreensão crescendo. Confesso que estava bastante preocupado. Foi um dos momentos mais tensos da minha vida de professor. Não sei explicar o porquê, mas foi.

Tudo cessou com o desenvolver da atividade. Não sei se o foi para as crianças, mas para mim foi extremamente rico viver esse desafio.

O começo foi meio confuso. O esquema previamente preparado evidentemente não funcionaria. Era necessário improvisar.

E daí veio a coisa mais emocionante, e eu queria só ficar observando. Foi quando a Madá botou as crianças para desenhar.

Achei simplesmente genial.

Eu estava achando as coisas meio confusas, mas a Madá conseguiu organizar, fazendo com que as crianças desenhassem. "É de cair o queixo!"

Para ser sintético, tive, entre muitas, duas sensações agradáveis e verdadeiramente indescritíveis:

1. Verificar como o espírito de criatividade e a formação de nossos filhos vêm sendo trabalhados.

2. Testemunhar a capacidade de uma professora cujo trabalho eu já conhecia e considerava insuperável em criar, recriar e de se superar.

Para mim uma coisa simplesmente fantástica e para os nossos filhos uma experiência marcante e inesquecível.

No meio desse período da vinda do Júlio, Gogui e Moisés, Maurício veio me falar:

— Madalena, o meu tio sabe abrir bicho e gente, ele pode vir aqui?

Respondi-lhe que sim, e aproveitei o tio dele, Ricardo, para dissecar a pomba que tínhamos achado morta no parque. De modo que comparamos seus órgãos com os da cobra e demos o salto para o corpo humano "por dentro".

É algo muito forte o que estamos vivendo: a descoberta de que "eu sou homem, você é mulher".

Conversei com o Ricardo, falei o que já tínhamos visto com as crianças, o que estávamos trabalhando:

1) A coluna, a diferença entre a nossa coluna e a dos bichos;
2) As diferenças entre o corpo da mulher e o do homem.

Chegou o dia, Ricardo apareceu com dois esqueletos (o que provocou reboliço na classe), um de macaco e outro de um pássaro.

Começamos a dissecação e descobrimos que aquele pássaro era uma pomba-rola. Também fomos retirando órgão por órgão, como na cobra, colocando-os nos vidros com álcool.

Com essa segunda dissecação, observei nas crianças um maior domínio (apropriação) do que viam:

— Olha, o fígado!

— Esse não é o coração?

Depois da pomba dissecada, começamos a montar uma "mulher de plástico", um brinquedo chamado "The Visible Woman". À medida que Ricardo tomava cada órgão da mulher de plástico em suas mãos, ia nos mostrando onde a parte ficava no nosso corpo.

Para mim, especialmente, essa experiência foi muito bonita. Até então eu só tinha vivido esse "despir-se" como mulher em casa, com minhas filhas, e vivê-lo em classe foi enriquecedor como mulher, mãe e professora.

— Você tem peito como essa mulher.

— Peito, homem também tem, você tem, Ricardo tem, mas eu (mulher) tenho peito com mama para poder dar de mamar.

No final Ricardo recebeu vários presentes (comida) e as despedidas calorosas...

As impressões de Ricardo:

Queridos,

Maurício, Rogério, Tula, Madá, João, Acauã, Danny, Avana, Emília, Juja, Vadico, Tamara e Madá.

Quero que saibam que eu gostei muito de estar com vocês naquela quarta-feira.

Nós vimos juntos o pombo por dentro, os músculos, o fígado, os pulmões. Alguns de vocês pegaram nas partes (coração, tubo digestivo, tubo de ar) e eu me lembro do Rogério, Maurício, Tula e outros que queriam mexer em tudo. Sabe, eu ensino, na minha profissão, alunos que vão ser médicos e também médicos que já são formados, e eles são como vocês: tem alguns que pegam em tudo e outros que não pegam, mas prestam *uma atenção*... E veem tudo.

Depois, quando sentamos no chão em roda todos juntos e a tia Madá foi contando as coisas do corpo e eu fui mostrando o esqueleto do macaco e montando aquela mulher transparente. Vocês todos começaram a mostrar em seus próprios corpos suas partes: as veias, os "esqueletos" do peito (as costelas), do braço, da mão; a cabeça com o cérebro dentro, os pulmões que se enchem de ar, as diferenças entre a mulher e o homem.

Vocês me mostraram na prática algumas coisas nas quais eu tinha pensado, por exemplo, aprender a estar juntos e que, quando a gente aprende, a gente também ensina e vice--versa. Quando essa "transa é legal", a gente se sente bem.

Eu fiquei feliz também quando vocês todos me abra-çaram no fim da nossa conversa.

Vocês foram muito carinhosos e desprendidos, pois, quando começou a chover e eu não podia ir embora, ganhei lanche de vocês. Acauã me deu a metade do sanduíche, com o pão gostoso feito pelo pai, Rogério me deu uma mexerica e biscoitos, Maurício, metade do pão de queijo. Tudo muito gostoso.

A experiência para mim foi importante e fiquei im-pressionado (agora com a Madá) com o jeito das atividades, a sala com as coisas de vocês e o que é mais importante: vocês discutem e registram tudo no *Livro de estórias* da classe. Fazem desenho e revivem as experiências. Vi o livro (acho que foi a Avana que me mostrou) e senti que a turma tem uma história e quem tem história fica mais gente.

Um abração para todos vocês,
Ricardo

A experiência de ter os pais, e outros familiares, trabalhando comigo proporcionou-me elementos a mais no conhecimento das crianças, pois pude observá-las trabalhando com um outro educador.

Aprendi muito com todos eles, desde o conhecer os órgãos da cobra, o fazer o pão, os micróbios crescendo na placa, o soro, as vacinas, até os encaminhamentos que cada um teve com cada criança.

Para mim, como professora, foram momentos de emoção e alegria, tê-los trabalhando juntamente comigo e com as crianças. Só lamento não ter gravado nossos encontros.

Antes da vinda do Ricardo tivemos a visita do Jonatham (irmão do Acauã, 9 anos) que foi meu aluno há alguns anos, e que com a vivência do Acauã na escola, e com a vinda do pai, não se aguentou e veio também nos visitar...

Ele nos trouxe vários presentes: um "insetário vivo", com um louva-deus, um bicho-pau, dois casulos (!), ovos de aranha (!) e livros que ilustravam seus presentes.

As crianças ficaram fascinadas com os presentes, e eu ganhei um ajudante eficiente num dia trabalhoso: *pintar a camisa do pré*.

Aproveito para, em linhas gerais, falar um pouco do nosso trabalho em plástica.

Nosso trabalho está centrado na conquista do início do realismo, onde a criança, entre muitas coisas, descobre que pode apresentar a ilusão ótica de que o céu vem até a terra: descobre o fundo.

Tenho sempre chamado a atenção das crianças para a observação do que veem, onde quer que elas estejam:

— Se você olhar para cima o que tem? Se você olhar para os lados o que tem?

— O céu, a parede...

Perguntas que desencadeiam descobertas, que *o céu vem até o chão...*

Paralelo a isso, temos trabalhado técnicas de IMPRESSÃO que ressaltam FIGURA-FUNDO.

Essas técnicas "invadem" todas as áreas. Como foi o caso do quadro das nossas palavras:

97

Neste conhecer o mundo, os pais vêm à escola e a escola vai à casa das crianças e dos seus pais. E foi assim que fomos à casa da Avana, a pé.

Zélia, mãe de Avana, escreveu-nos um bilhete-convite para lancharmos.

Conversando com Zélia, ela me falou que estava pensando sobre marcar em fichas alguns pontos como indícios do caminho para que pudéssemos ir seguindo. Achei ótima a ideia e foi assim que, no dia antes de sairmos, Zélia foi até a sala e na roda nos explicou como tínhamos que ir seguindo as fichas.

Alaíde, que trabalha na casa da Avana, veio para ajudar-me na caminhada com as crianças. Apresentei-a ao grupo e outra vez usamos "crachás" no pescoço. "Não pode correr", "não pode passar na frente da Madalena" e "não pode ir atrás da Alaíde" (isso porque eu ia na frente e Alaíde atrás), e RUA!

Na rua foi um deslumbramento!

— Que placa é essa no chão?

— É da Telesp. (Da telefônica.)

— E essa outra?

— É da "válvula de incêndio". (Registro de hidrante.)

— Achei mais uma, do que é essa?

— É da Sabesp. (Encanamento.)

— Olha uma de gás!

E por aí foi... Seguimos à risca as indicações do "mapa" e o que íamos observando pelo caminho (o que não estava nas fichas) as crianças desenhavam numas fichas sobressalentes que Zélia tinha nos dado. Assim foi que registraram um rio, o balé da Avana e um carro que deu uma brecada bem perto de nós.

Pelo caminho, paramos num dos pontos do "mapa" que era a quitanda, e as crianças começaram a conversar com o quitandeiro:

— O senhor é que é o dono?

— Quem vende aqui é só você?

— Por que o senhor não dá umas bananas pra nós?

— Mas tem que ser de graça, porque Madalena não tem dinheiro para pagar...

E assim ganhamos quatorze bananas (de presente), que comemos na maior alegria, todos rindo e, ao mesmo tempo, falando de boca cheia:

— Obrigado moço, o senhor é legal...

E continuamos nosso caminho.

Afinal chegamos. Avana foi nos mostrar todas as partes de sua casa, seu quarto seus brinquedos.

Como os pais de Avana não estavam em casa ("meu pai e minha mãe também trabalham o dia inteiro"), passei para Alaíde o "comando" da roda do lanche, ela serviu o bolo que tinha feito para nós (perguntamos a receita), uma gelatina colorida e suco.

Passamos um tempo brincando e depois voltamos, agora de carro, para a escola. E no outro dia a lição foi sobre o caminho da casa da Avana...

Gostaria de situar o que é a *lição*. Para que a lição?

A lição é o "diário" do que as crianças vivem em classe, todos os dias. Assim como eu, todos os dias, paro e escrevo neste meu diário, conto o que fiz, reflito sobre o que vivemos e, dessa maneira, aproprio-me do meu FAZER cotidiano, a lição para as crianças é o registro do que VIVERAM ou do que ESTÃO VIVENDO. É o apropriar-se da sua prática diária. E, por isso, a lição "não cai do céu" e também não é pura repetição de exercícios mecânicos, alienados da vida das crianças.

Todas as lições têm a ver com alguma coisa vivenciada.

Muitas lições são pensadas junto com as crianças ou inteiramente por elas, como no caso das *lições inventadas*. Às vezes as lições são até rodadas no mimeógrafo por elas.

Ainda sobre a lição, para que não se pense que o professor tem uma condução espontaneísta, onde tudo se espera da criança, e o que não surge delas não se trabalha, é a sistematização que a professora, obviamente, tem do processo de alfabetização. Em muitas ocasiões, ela lança desafios, organiza, encaminha a curiosidade das crianças na direção de descobertas essenciais desse processo, como, por exemplo, a das famílias silábicas, de que a vogal muda o som da consoante: que JA de JACA é da mesma família que o JU de JULIANO e o JO de JOÃO etc. Tendo esse objetivo, a professora poderá propor, por exemplo, um exercício em que as crianças tenham que fazer um círculo em JA de JACA, em JU de JULIANO e em JO de JOÃO.

Numa concepção em que o professor é o dono exclusivo do processo de alfabetização, onde ele acha que só ele sabe, as crianças necessitam ser ensinadas, alfabetizadas. Na realidade, esse processo revela um profundo descrédito nas crianças e vê a educação como mera transmissão de "conhecimento". O oposto de tudo isso se verifica na prática em que o professor não se coloca como o dono exclusivo do que sabe, mas, pelo contrário, é *através do que sabe* que *encaminha e sistematiza os dados observados na prática das crianças*, para que *elas próprias façam suas descobertas*. Pois, só assim, *atuando, pensando,* a criança vai se apropriando do seu processo de alfabetização. E é nesse sentido que *o professor não alfabetiza a criança, ele organiza os dados para que a criança se alfabetize.*

Especificamente quanto ao desenvolvimento da motricidade, em particular, tenho procurado trabalhar em cima dos movimentos que observo nas crianças, movimentos específicos ou trajetórias que vivemos, que passamos para o papel, chegando assim no movimento motor fino.

Caminho que fizemos conhecendo o espaço da sala.

Nesse processo de descobrir, conhecer, registrar, elas estão descobrindo as próprias palavras: a palavra de cada uma e as do grupo. Elas estão descobrindo que são DONAS de seu processo de desvelar as palavras, de ler o mundo, de sua alfabetização.

Talvez se faça necessário falar aqui, em linhas gerais, de como é visto, por nós, o processo de alfabetização, propriamente dito.

Para nós, ele não se inicia no pré, porque o ato de ler não se reduz ao processo de leitura da palavra. A leitura da palavra é um momento fundamental, mas a criança já faz várias leituras do mundo que a rodeia, antes do início da leitura da palavra.

É através da leitura de indícios, da representação simbólica, que a criança "escreve" o que ela já lê do mundo, o que ela busca conhecer. É da leitura dos símbolos que mais tarde ela chega à leitura do SIGNO, da palavra em si.

Ignorar esse processo anterior à leitura da palavra é conceber o processo de alfabetização como algo mecânico, recheado de eficientes técnicas e métodos, estagnado, desenraizado da vida, do mundo. Por isso mesmo a leitura da palavra dá continuidade à leitura do mundo, que já foi anteriormente iniciada. Ela flui desse mundo. [1]

É na relação dinâmica entre palavra e mundo que a criança *pensa* sobre seu mundo, *e se apropria da sua palavra, do seu processo de alfabetização.*

---

1 Paulo Freire. *A importância do ato de ler em três artigos que se completam.* Coleção Polêmicas do Nosso Tempo. São Paulo: Autores Associados: Cortez, 1982.

— Eu descobri TITIO.

— E como você descobriu?

— Tem uma menina que chama TITI daí eu juntei o O e ficou TITIO.

— Olha o que descobri: TU TAVA!

— Sabia? PATO de trás pra frente, o que fica? TOPA, TU TOPA?

— Eu descobri sozinha a escrever VACA...

— Como foi que você descobriu?

— Eu descobri EVA e depois juntei o CA, virou VACA...

Desta maneira o papel do professor na alfabetização é o de quem organiza os dados para que as crianças se apropriem do seu descobrir, do inventar palavras.

Nesse sentido, o professor não alfabetiza a criança. Ele propicia organizadamente o *espaço* para que ela *se alfabetize*. Assim, cada vez mais tornando-se sujeito no processo de sua alfabetização, ela vai criando a sua capacidade de ler palavras na crescente compreensão do mundo em volta.

Finalmente, gostaria de terminar dizendo que este relatório foi compartilhado com as crianças, os pais, os irmãos e o tio que trabalharam comigo em classe e na feitura deste, e que ele se completa com nossa discussão na reunião.

Principalmente, o relatório é um convite a que vivamos juntos este descobrir, este desvelar para que *experimentemos juntos esta paixão de conhecer o mundo.*

Madalena

P.S.: Nossas lagartas viraram casulos!! Estamos à espera agora das borboletas...

P.S.: Nasceram nossas borboletas!!

Fotos: Julio Alberto Paveese.

Maio e junho

Depois que nossa borboleta saiu do casulo e começou a voar pelo parque da escola, foi como se nós também tivéssemos criado asas e começássemos a viver pelas alturas... A explorar o céu, o espaço.

Justo nesse período, um raio de sol, sempre no fim do dia, vinha "pousar" numa de nossas plantas, perto de uma parede em arco da nossa sala... Sua presença era sempre saudada por mim e pelas crianças...

— Sol, meu querido, você chegou!...

— É um *raio* de sol, não é o Sol!

— Parece uma luz de lanterna!

Para registrar simbolicamente a presença desse raio de sol, eu trouxe um pássaro de vidro, para pendurarmos na parede em arco da sala. Enquanto falava da minha intenção na roda, a imagem do arco-íris aflorou a uma das crianças. Nesse momento muitas ideias surgiram sobre como poderíamos fazer nosso arco-íris: se com tinta, se com giz, quantas cores seriam?

No mesmo dia, surgiu um ARCO-ÍRIS "colorido e lindo", disse um deles, na nossa sala. Em seguida muitas borboletas e passarinhos voando, pendurados no arco-íris...

Dias depois, uma das crianças nos trouxe de presente um canário, que logo recebeu o nome de Mimi.

Foi a partir de uma longa conversa sobre onde iríamos pendurar a gaiola do Mimi, que o espaço da nossa sala se expandiu para além do *arco-íris*, chegando ao teto: *o céu*.

Talvez fosse interessante comentar aqui a maneira como surgiu nesse caso o canto do *céu*. Essa expansão não resultou de um ato de decisão isolado meu, mas de uma vivência construída por mim e pelas crianças. As crianças, nesse caso como em outros, vão, imaginativamente livres, me contando histórias em torno das experiências por nós vividas. Aproveito, então, para trabalhar a expressão escrita, marcando bem que é distinta da oral.

Na verdade, as conversas de onde surgiu o *canto do céu* foram *representativas* de todas as nossas vivências anteriores: borboleta voando, raio de sol dentro da nossa sala, passarinho, arco-íris, canário que voa no céu...

Nós estávamos conversando na roda sobre onde íamos pendurar o Mimi, e então tivemos a ideia de pendurá-lo no arco-íris (mas Madalena explicou que não era um lugar adequado porque a gaiola ia ficar balançando e o Mimi se assustava). Então a Juja teve a ideia da gente fazer um sol e pendurar o Mimi no sol. Com essa ideia da Juja, o Maurício teve outra, o Rogério também teve a mesma ideia ao mesmo tempo (!), de fazermos um céu na nossa sala! Com um sol!

Madalena trouxe um pano bem fininho e nós começamos a combinar como iria ser o céu.

Discutimos bastante se o céu iria ser todo azul ou todo branco, com nuvens azuis. Como estava muito difícil de decidir fomos até a janela para observar como era mesmo o céu. Então decidimos que o céu seria todo azul com nuvens brancas.

Todo mundo trabalhou muito até acabarmos todo o céu. Mas valeu a pena, porque ele ficou bonito. Bonito não, ficou lindo, lindíssimo!!! FIM.

Vimos também nesse período um livro sobre os afrescos de Michelângelo na Capela Cistina.

---

* Transcrição do registro do dia 5 de maio de 1981, *Livro de nossas estórias,* p. 208.

Com o "sol que brilha" e "o sol quente" sobre nossas cabeças, entramos numa nova era:

— Sol é estrela ou planeta?

— Cuidado, que ele vai queimar teu cabelo!

— O Sol é superquente...

— Meu pai falou que é uma estrela de fogo!

Paralelo a essas questões, vínhamos acompanhando as notícias sobre o *Columbia*, quantas voltas iria dar em torno da Terra, quando iria retornar etc.

Líamos sempre jornal na classe e conversávamos sobre quem tinha visto "o jornal da televisão" no dia anterior.

Foi a partir daí que comecei a trabalhar a notícia, o que é um jornal. Nesse momento é que nasceu nosso jornal. Cada criança trabalhou a sua notícia, diagramando cada um como queria.

A partir do grande interesse despertado em torno de notícias, começamos a discutir sobre os programas de televisão a que assistiam. O jornal com as notícias, as propagandas: *É verdade ou mentira tudo que tem na propaganda?*, personagens de *Viva o Gordo*, novelas etc.

— Só existe a Terra?

— Não! Ora! Tem muitos outros planetas!

— Tem Saturno! Eu vi na televisão.

— Tem Lua!...

— Não, Lua não é planeta.

— E o que é a Lua então?

— Não sei.

E como uma correnteza rio abaixo, eis que surge um vulcão!!...

Vimos numa revista uma matéria sobre a erupção do vulcão Santa Helena, nos Estados Unidos. De olhos grudados na revista, lemos e relemos várias vezes.

— Sai fogo?

— De onde vem o fogo?

— A lava mata, sabia?!...

Em "erupção", eu e as crianças começamos nossos estudos sobre o Sol, os planetas, a Lua e os vulcões...

No mesmo dia da descoberta do vulcão, mandamos bilhete para os pais pedindo material (para fazer um vulcão). Durante esse período, reservamos na roda um tempo para nossas pesquisas. E cada dia eu trazia esmiuçado, no meu diário, o que tinha estudado sobre o Sol, os planetas, os satélites, a Lua e os vulcões.

Faço questão de frisar para as crianças *o que estudei*. No início houve alguns espantos: "você não sabia?", "teve que estudar?". Mas agora, pelo contrário, quando trazem material de casa, dizem: "eu empresto para você estudar em casa, tá?"

Tenho observado nas crianças uma certa alegria ao descobrirem que eu também estudo e aprendo.

— Estamos estudando planetas!

— E o Sol também!

Daí a satisfação que têm em me proporcionar materiais de estudo, como no dia em que, saltitantes, entraram pela sala adentro, gritando:

— Vamos começar a estudar osso de tubarão?...

Toda a informação foi vivida, na medida do possível, concretamente. Assim, para vivermos o dia e a noite, escurecemos a sala e com uma bola de isopor (a Terra) e uma lanterna (o Sol) iluminamos a bola. Metade clara, metade escura. Metade das crianças estavam "na noite", metade "no dia".

O mesmo fizemos com a Lua girando em torno da Terra para que percebessem as suas fases. Para essa atividade tive a assessoria do Gogui, pai do Acauã, que me forneceu o abajur devidamente preparado para conseguirmos o efeito desejado.

Depois dessa experiência alguém comentou:

— A gente só tem o dia, na nossa sala.

No princípio não entendi e perguntei:

— Como?

— Claro, Madalena, aqui nossa sala tem o céu com o sol... E por que a gente não faz a noite na outra sala?

Foi um "eu topo!", "eu topo!" geral.

E no dia seguinte surge a noite em nosso espaço, com a Terra e a Lua girando em sua volta...

Ao mesmo tempo, trabalhamos numa construção de um vulcão de barro (ideia que nasceu de um outro que estavam fazendo na areia), onde pusemos fogo... Foi o grande acontecimento da semana em toda a escola. Ignácio, pai da Juja, veio projetar alguns *slides* sobre vulcão, alguns sobre a Lua e a Terra.

Também desenvolvemos algumas brincadeiras onde algumas crianças eram os planetas, outras, seus satélites e eu, o sol. Foi uma farra geral... Depois dessa atividade ofereci bolas de isopor para fazermos os planetas e seus satélites.

Talvez fosse interessante nesta altura chamar a atenção para o fato de que, em nossa prática, fugimos a qualquer rigidez no que diz respeito ao planejamento das atividades com as crianças.

O planejamento das atividades se faz e se refaz, dinamicamente, na prática, junto com elas. É por isso que muitas vezes nos detivemos no estudo de assuntos considerados pela programação oficial (que sempre precede a prática), como sendo próprios de outros níveis de ensino. Estipula-se de antemão o que a criança deve conhecer e inclusive o como, matando, assim, a criação do professor.

Surgiu, porém, um problema: tínhamos apenas vinte satélites. Quantos satélites existem ao todo? Quantos faltam?

— Espera que eu vou buscar seu diário! (Pois sabem que tudo que estudamos está lá.)

Creio que seja oportuno salientar agora a importância do diário, como instrumento de reflexão constante da prática do professor. É através dessa reflexão periódica que ele avalia e planeja sua prática. O diário é também um importante "documento", em que o vivido é registrado juntamente com as crianças. Nesse sentido, educador e educando, juntos, repensam sua prática.

Com o diário na mão, fui lendo minhas anotações e escrevendo numa folha, enquanto as crianças iam desenhando os satélites. Contamos o total dos satélites: 33. Pedi para pintarem no papel os vinte que tínhamos e contaram quantos ainda precisávamos para completar os 33: treze.

É a partir de situações concretas, algumas centradas no corpo, que venho trabalhando em matemática correspondência biunívoca e unívoca, soma, conceito de numeral e escrita dos números.

Com a febre dos álbuns, aproveitei para lançar a proposta de cada um fazer o seu próprio. Informei que poderia ser de qualquer tipo (quis observar o tipo de classificação que fariam). Surgiram dois tipos: álbum de palavras e de bichos. Decidiram que à página 1, corresponderia uma figurinha, à página 2, duas figurinhas e assim até a página 10. Depois contamos, somamos todas as figurinhas das dez páginas do álbum: 55 figurinhas.

Aos poucos todas as questões que estavam anotadas no nosso *quadro das dúvidas* ("não sei") foram passando para o *quadro das descobertas* (o que já descobrimos, já sabemos).

— O Sol é uma estrela.

— A gente vê ele grande e quente, porque a Terra está perto dele.

— O Sol é uma bola de fogo.

— Nove planetas giram em volta do Sol (!)...

— Júpiter é o maior planeta!

— Satélite é filho de planeta.

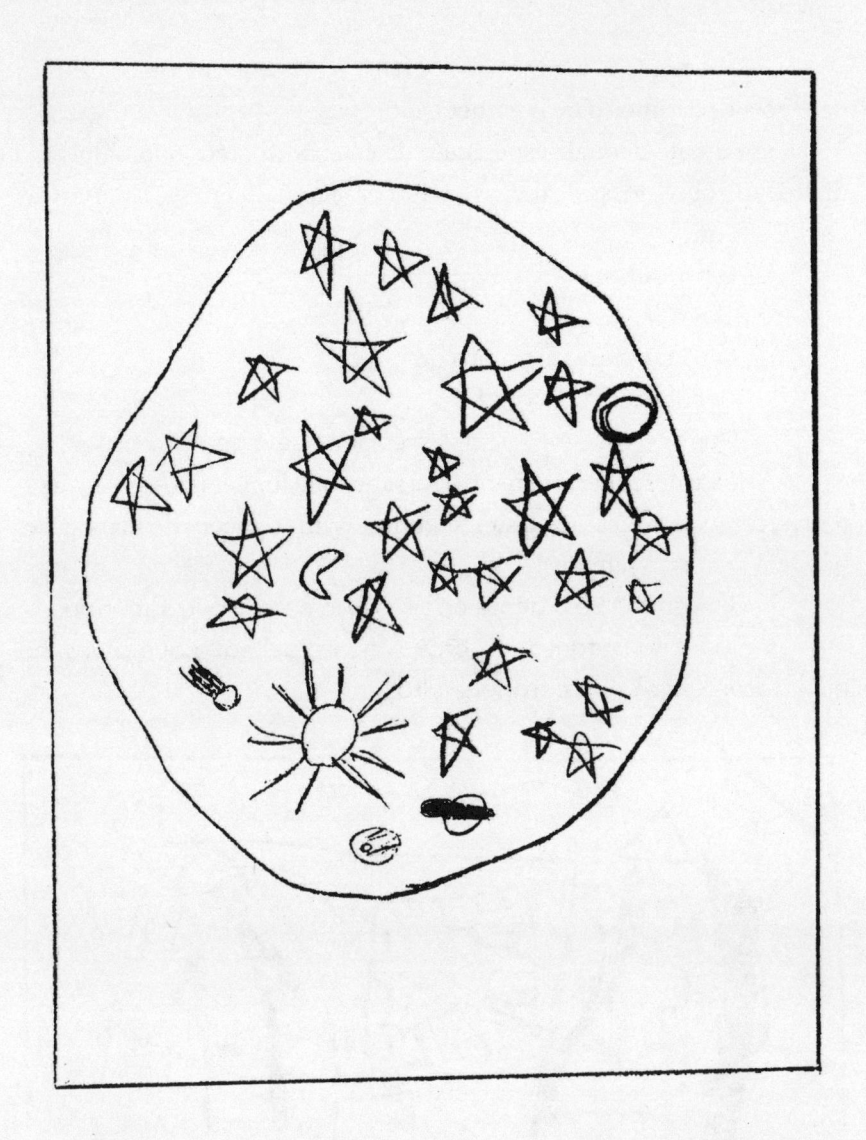

Depois de muitas dificuldades conseguimos ir ao Planetário... Trocamos nosso horário de trabalho, viemos à escola pela manhã em vez da tarde. Escrevemos bilhetes aos pais falando da nossa ida ao Planetário e combinamos um lanche coletivo para depois da visita, "lanche de todo o mundo", com nossa toalha nova feita por nós aproveitando os retalhos que cada um trouxe.

Às oito horas da manhã de um dia frio e nevoento, nos encontramos na escola e partimos para o Planetário!

Lá, diante daquele espetáculo de céu aberto, redondo, salpicado de brilho sobre nossas cabeças, meu coração palpitando, as crianças cochichavam:

— Olha, Júpiter!

— O Sol...!

— Olha a cidade em volta da gente!

— Vênus, Vênus.

— Por que esse moço só fala coisas que a gente já sabe?

A nossa descoberta principal foi saber que Júpiter não tem doze satélites, como pesquisamos, e sim, segundo as informações do Planetário, que tem quatorze satélites!

— Tá vendo? Se a gente não fosse lá nem ficava sabendo...

— Igual no Butantã, lembra? A gente pensava que a aranha era a tarântula e era a caranguejeira...

Antes de irmos ao Planetário tivemos outras saídas. Fomos lanchar na casa da Madá, e Nalva veio nos ajudar na caminhada. Seguimos o mesmo percurso da casa da Avana, pois as crianças queriam levar presentes para o quitandeiro: desenhos e alguns limões.

Essa caminhada foi especialmente bonita para mim, porque pude sentir juntamente com as crianças uma emoção alegre carregada de afetividade ao encontrarmos o quitandeiro:

— Oi, tudo bem? Lembra da gente?

— Nós viemos trazer um presente para você.

— Como é mesmo o seu nome?

— José Luis – respondeu o quitandeiro meio atônito e emociona-do... E começou a dar mais bananas para as crianças!

Alguém comentou:

— Essa história nunca vai acabar... Ele deu banana, a gente trouxe presente, agora ele dá mais banana...! Essa história nunca vai acabar...

Todos se lembravam do percurso e à medida que íamos andando iam recordando tudo o que já tinham visto.

— Lembra que foi aqui que o carro deu aquela brecada?

A outra visita foi à casa da Emília. Estávamos no auge do interesse pela marcenaria e soubemos pela Emília que seu pai sabia fazer "muita coisa" na marcenaria. Recebemos um bilhete dos seus pais com o mapa do caminho a percorrer para chegarmos à sua casa.

Faltavam alguns pontos que descobrimos pelo caminho e que registramos no mapa: casa de conserto de televisão, sapateiro, barbeiro, papelaria.

Dois fatos me chamaram a atenção durante a caminhada.

Em todos esses lugares por onde passamos, as crianças faziam questão de entrar, perguntar o nome de cada pessoa, o que faziam:

— Como é seu nome?

— O que você faz aqui?

— Você escreve seu nome na minha ficha? Seu nome eu ainda não aprendi...

— Sabia que eu moro aqui bem perto?

Creio que esse comportamento vem da relação que foi vivida e valorizada por mim, com José Luis, o quitandeiro.

Na casa de Emília, um espaço maravilhoso, cheio de cantinhos para explorar, escadas para subir e descer... Começamos a atividade, buscando as ferramentas do pai da Emília, ajudando a carregar sua pesada mesa de marcenaria. Ele nos explicou como iria fazer a cadeira. Ajudamos no início a fazer o contorno de suas partes e acompanhamos seu trabalho e os cuidados com a serra elétrica. Lanchamos no meio da atividade. Já que havia bolo no lanche, aproveitei e escrevi fichas com BOLO – enquanto lanchávamos. No final lixamos as partes da cadeira, montamos e voltamos com nosso troféu para a escola. Despedidas e agradecimentos.

E aqui o segundo fato que me chamou a atenção: encontramos pelo caminho duas crianças negras que estavam sentadas no portão. Imediatamente algumas crianças começaram a gritar:

— Moleque! Moleque!

— Odeio gente preta!

— Neguinho!

Intervi na hora, *com energia*:

— Eles têm nome!

Parei e comecei a conversar com as duas crianças, perguntei seus nomes, Maria Lúcia e José Luis, e se moravam ali. Falei que nós éramos de uma escola perto.

Fiz questão de marcar para as crianças um modelo de relacionamento bem distinto do que tiveram. E constatar como o comportamento que tiveram já vem entranhado desde cedo...*

Transcrevo a carta que recebemos dos pais da Emília:

Querida Madá e alunos do pré,

Ando morta de vergonha por não ter escrito ainda para vocês. Espero ser perdoada por tanta demora. Ainda mais que estava doida de vontade de contar a vocês que adorei a visita que fizeram aqui. Aquela folia toda para conhecer a casa da Emília, essa casa cheia de espaços para descobrir e a transa de fazer a marcenaria com Uraci – e eu assim na maior agonia, será que vai sair mesmo a tal cadeira? E não é que saiu? Depois já a vi pintada aí na escola, ficou linda, não foi? Depois a confusão na hora do lanche, descobrindo misturar pipoca com gelatina, uma revelação – e não é que vocês gostaram e comeram? E por fim a hora de voltar para a escola, o divide todo o mundo, todo mundo cheio de madeira, o João e o Acauã carregados dizendo que aguentavam sim, e lá vai a gente naquela ladeirona, aí pinta o pai do João, todo o mundo quer montar na moto mas não dá, vamos todos andando, aí teve um lance que achei incrível, que foi quando vocês viram duas crianças e começaram a chamá-las de moleque e Madá com aquele vozeirão: "Eles têm nome..." Perguntaram o nome deles e, parece, ficamos conhecendo um pouco sobre essas crianças que a gente não conhece e que ficam pela rua.

* Apenas em 2003 a Lei 10.639 modificou a Lei de Diretrizes e Bases da Educação Nacional (1996) e introduz a obrigatoriedade da educação antirracista desde a educação infantil; juntando-se assim à Lei 11.645, de 2008, que acrescentou a obrigatoriedade de tematizar na escola a cultura e a história indígenas. Destacamos, no entanto, que as cenas discriminatórias que ocorriam no dia a dia não passavam desapercebidas, e contavam com a intervenção educativa de Madalena Freire já na década de 1980. [*N. da E.*]

Foi uma hora legal e que ficou guardada. Depois, a transa de atravessar a rua na chegada da escola. Aquela euforia, um pouco de cansaço, mas uma grande alegria.

Queria dizer que gostei tanto que, se vocês quiserem, podemos transar no segundo semestre um novo dia juntos, que posso fazer um bolo de aniversário, assim vocês inventam uma história e a gente tenta fazer um bolo com essa história, é só combinar, e aí eu mato um pouquinho a saudade de vocês.

Um beijão bem grande para todos,
Regina

Eu ia escrever uma carta para vocês dizendo que adorei que vocês vieram aqui. E que gostei muito de ter trabalhado com vocês. Mas eu sou muito preguiçoso para escrever. Aí, li a carta da Regina, que estava também participando, e vi que ela já disse quase tudo que eu queria dizer. Quero só lembrar que está de pé a palavra dada para fazer o banco de carpintaria para vocês trabalharem aí na escola. E se vocês combinarem de vir aqui, eu vou fazer força para ajudar no trabalho e para comer o bolo que a Regina tá prometendo.

Um beijão muito grande também,
Uraci

JOGRAL

Aproveitando uma situação na roda, onde algumas crianças brincavam de repetir o que a outra falava, lancei a ideia do JOGRAL. Pedi que escrevessem o que estavam falando: "AÉÉ.... AÉÉ.... AÉÉ...", e lessem todos juntos. No final, com olhos desmanchando-se num riso de surpresa e alegria:

— Como é o nome disso?

— Um jogral. Querem ler no dicionário o que significa?

E assim nasceu nosso jogral.

No dia seguinte, havia um livro de rimas na roda, e desde então separamos um tempo para o ensaio do jogral:

— Pedro Pereira Pinto, pobre, pintor, português pintava portas, paredes, painéis com seus pincéis...

Também estudamos duas outras rimas.

É nesse espaço que venho trabalhando, além do significado do trabalho, a linguagem oral, o sentido das palavras, a entoação na leitura, rimas, poemas etc.

Já planejando a passagem do *jogral* para o *coral*, comecei a cantar em várias situações, nas próprias rimas que estávamos ensaiando ou em simples chamados: "feche a porta", "quem vai buscar o barro?", "eu vou tomar café" etc.

Não demorou muito e apareceu na roda o livro *A arca de Noé* de Vinicius de Moraes (as crianças conhecem todas as músicas da versão em disco). Logicamente, não perdi a oportunidade, e o coral do pré, desde esse dia, ensaia religiosamente (3 vezes) músicas da *Arca de Noé*.

Caminhando pela mesma corrente, vem o teatro, que completa o jogral e o coral. No início não se entendia nada do que falavam, na verdade, gritavam uns com os outros. Com o trabalho do jogral, do coral e encaminhamentos meus, específicos para uma melhor organização espacial, o teatro foi ganhando corpo. Seus personagens agora são antecipadamente combinados, vestem-se no camarim, entende-se o que falam e recebem palmas no final.

Para o enriquecimento do que estávamos vivendo, fomos ao teatro de "verdade".

Voltaram entusiasmados:

— Eu gostei muito de tudo, aliás eu amei tudo.

Tivemos sorte porque a peça *Luzes e sombras* continha muitos elementos que estávamos vivendo com nossas experiências em projetar o Sol, a Lua, a Terra... Basicamente, era contada com várias músicas de repertório das crianças, o que "casava" com nosso coral...

É dentro de todas essas vivências e especificamente com o *Livro de nossas estórias* do pré, "nosso jornal", "nosso teatro", "nosso jogral", "nosso coral" e o "caderno de escrever"[1] de cada um, que o processo de alfabetização propriamente dito vem se completando.

Como processo, ele vem sendo vivido com bastante tranquilidade e cooperação das crianças umas com as outras. Quando alguém não reconhece algum dos fonemas, sempre aparece outro para ajudar.

Através de vinte palavras geradoras que mobilizam as crianças, estamos trabalhando todos os fonemas simples.

Alguns já descobriram que as vogais variam: "Tem MA, MI, ME, MO, MU...", e assim com todos os outros fonemas: o TU, TA, TE, TO, TU, TI etc. Atualmente, venho trabalhando, centrando os desafios para essa descoberta das famílias silábicas.

A alegria é grande e contagiante quando contam em nosso quadro de palavras: 76 palavras:

— Nós já sabemos ler tudo isso.

— Que nada, sabemos até mais... Tem muita palavra que não está no quadro!

E dirigindo-se a mim:

— Viu, Madalena!...

Para terminar, gostaria de agradecer ao Tucha, pai do João, que veio fotografar nossa sala, atividade que não cheguei a descrever neste relatório, como também a de Ignácio a quem rapidamente fiz referência.

Gostaria de sublinhar que algumas questões deste relatório não foram suficientemente tratadas.

Procurarei desenvolvê-las nos próximos relatórios.

---

1 Uma das crianças trouxe, certo dia, uma cartilha. Senti um forte interesse por parte de todos e perguntei se gostariam de ter um caderno para escrever as palavras que estávamos aprendendo. E assim nós mesmos faríamos nossa "cartilha". Foi um "oba geral", "topamos!", "topamos!". E, assim, no outro dia trouxe um caderno para cada um e começamos a escrever todas as palavras que estamos aprendendo. Através do caderno venho trabalhando a localização espacial na folha, na linha.

Agosto, setembro e outubro

Eu sou menino, você é menina

I

No fim do 1º semestre, exatamente no último dia de aula, surgiu de modo embrionário a formação de dois subgrupos, meninos e meninas. Numa atividade com barro, os meninos se agruparam para a construção de uma pista e as meninas para a construção de um castelo.

Observei que daquele momento em diante algo iria mudar na dinâmica do grupo. Na verdade, aquele estava sendo o primeiro momento em que meninos e meninas se *organizavam enquanto grupo*, na construção e elaboração de um produto comum.

É importante frisar que, desde o início do ano, eles já percebiam suas diferenças em relação um ao outro, mas ainda a nível individual.

A configuração da nossa roda por exemplo: de um lado sentavam-se (e sentam até hoje) as meninas, e de outro, os meninos. Na sala a mesma disposição para as mesas.

Num movimento crescente de busca da identidade, parecia que se fazia necessária uma separação física, cada vez mais explícita, para o conhecimento dos papéis masculino e feminino.

De fato, com a explicitação dos dois grupos, a dinâmica como um todo mudou radicalmente. Defrontei-me, no início deste bimestre, com os dois grupos num comportamento hostil e num movimento ambíguo de amor e ódio, *atração-repulsão*. Antes de tudo, estava claro para mim que essa forma de relacionamento escondia a real necessidade de estarem mais próximos – de se tocarem, de se conhecerem. Estava claro para mim também que a formação dos dois grupos era um desafio de crescimento, tanto para as crianças quanto para mim.

Para as crianças a necessidade de marcarem bem suas diferenças, menino e menina, e para mim, de iniciar um trabalho em cima dos estereótipos masculino e feminino, possibilitando que se percebessem como cada um é.

Em momento algum brequei a organização dos dois grupos. Pelo contrário, minha preocupação foi a de justamente trabalhar a partir dessa explicitação.

Depois de alguns dias de observação, vislumbrei um caminho a seguir, que foi o seguinte:

1) Enfatizar a organização dos dois grupos, através de atividades, apresentando uma única proposta para eles. Estimular a cooperação entre seus elementos e de grupo para grupo.

2) Explorar situações que envolvessem todo o grupo.

Foi através de propostas de desenho e colagem e na revisão das palavras e fonemas simples que já havíamos visto no 1º semestre, que comecei a trabalhar a organização de cada grupo.

Arrumava os materiais básicos em duas mesas, explicava a proposta e deixava que se agrupassem como preferissem. Deixava sempre claro que a proposta era a mesma para os dois grupos.

No mesmo período, surgiu, por acaso, uma situação em que uma criança trouxe uma xícara de chá para a classe e algumas começaram a pedir um gole de chá... Quando vi essa cena, me veio a imagem do *cachimbo da paz*. Falei dele para as crianças e logo percebi que os tinha tocado... Combinamos então que sempre no início da roda tomaríamos o cachimbo da paz.

Surgiu desse modo a primeira chance de trabalhar o grupo como um todo, no ato gostoso de bebermos juntos aquele chá, símbolo de nossa amizade. Sempre uma das crianças buscava na cozinha a xícara de chá, e o ritual acontecia todos os dias antes de começarmos nosso trabalho na roda.

Meu encaminhamento na organização e condução da roda também mudou a partir daí. Até então nossas conversas, discussões e planejamentos não necessitavam de nenhum apoio, nenhuma pauta escrita. Comecei a sentir que os assuntos eram muitos, todos queriam falar sobre tudo, e no final nos perdíamos no emaranhado de mil questões.

Comecei então a anotar numa folha, no meio da roda, tudo o que queriam discutir, mostrar etc. Seguíamos os assuntos. Quem tinha algo a mostrar ou a dizer, se inscrevia para tal. Os assuntos já discutidos eram marcados com um traço.

Com esse encaminhamento tive muitas chances de trabalhar a relação indivíduo–grupo (dando ênfase à cooperação) e o espaço de cada um na construção do todo.

Nesse período, de cóccix fraturado, eu andava com meu "aro de espuma", que logo as crianças apelidaram de ROSCA, o que me possibilitou, com êxito, explorar o S no meio e no final da palavra. No dia seguinte propus:

— Já que estão falando tanto da minha rosca, vamos fazer uma rosca?

E fizemos nossa rosca, outra situação de trabalho em que o grupo como um todo participou. No final do dia, comíamos nossa rosca com um coro de muitos unh!... unh!...

De repente, alguém pergunta:

— Por que não fazemos também sempre um *cachimbo da paz de comida*?

Aplausos efusivos para a ideia, e mais que depressa alguém se ofe-rece para trazer um bolo no dia seguinte... E o bolo chega realmente (!). Desse dia em diante iniciamos nosso segundo ritual de amizade com nosso cachimbo da paz de comida. No fim do dia a escolha de quem vai trazer qualquer coisa é espontânea. Quem quer, se oferece. Há dias em que três, quatro crianças se oferecem.

Venho trabalhando muito através da repartição da comida, do ca-chimbo, a matemática: conjunto, subconjunto, quantidade de elementos, soma e escrita dos números de 1 a 9.

Outro acontecimento importante, dentro da ambiguidade *atração--repulsão*, que descrevi no início, foi o surgimento da ideia de termos um *baile* sempre depois da lição.

Ressalto que minha atuação nesse jogo foi fundamentalmente de ponte entre os meninos e as meninas.

Como desde o início a minha leitura da hostilidade entre os grupos foi a da necessidade de se tocarem, de se aproximarem, eu não podia, bruscamente, jogá-los um diante do outro... E aí estava meu desafio: como chegar lá?

Num primeiro momento a aproximação foi feita através do cachimbo da paz. No segundo momento, através do baile. Minha atuação foi a de garantir a explicitação da vontade de todos, de aproximarem-se, conhecerem-se. Logo a vergonha foi passando.

Na medida em que os meninos iam dançando comigo, eu os encaminhava para outro par, e assim no fim tínhamos um baile: meninos e meninas dançando.

E eu de ponte e no comando:

— Troca de pares!

— Menino com menino!

— Menina com menina!

— Menino com menina!

SUCESSO TOTAL! Passamos uma semana em que a atração máxima era o baile...

Satisfeita a curiosidade, o jogo do baile foi baixando e apagou.

II

Da minha observação de um jogo com bonecos de barro nasceu a proposta de fazermos fantoches, mais uma oportunidade para trabalhar o grupo como um todo. Foi um trabalho longo, dividido em várias etapas:

1) Picar o papel-jornal;
2) Pôr de molho na água com cândida;
3) Enquanto o papel estava de molho, fui trabalhando em artes plásticas o figurino dos personagens. Primeiro em desenho, depois em costura com papel e por último com tecido;
4) Escorrer a água, lavar o jornal e fazer a massa com farinha de trigo;
5) Fazer os bonecos;
6) Pintar;
7) Vestir os bonecos;
8) Teatro.

Durante a primeira etapa, cada criança tinha uma bandeja individual, na qual ia pondo o papel que picava. Em seguida todas as crianças punham num balde do grupo todo o papel que cada um tinha conseguido picar. Fez-se um silêncio, uma calma profunda. Para mim foi interessante observar o silêncio que envolveu o grupo após esse momento em que se encheu o balde comum com o papel picado por todos. Como se aquele momento estivesse sendo para cada criança um momento único. Era como se cada criança estivesse se percebendo, avaliando suas conquistas em relação ao comportamento hostil que haviam tido entre elas, no início do bimestre.

Senti que haviam crescido e que, por isso mesmo, já estavam em condições de explicar mais seus desejos. Mas a explicitação teria que se dar através de mim ainda.

Chamei atenção para o silêncio gostoso e comecei a contar uma história, "quando eu era criança, gostava de um menino, mas que eu tinha vergonha de contar para ele... Então, cantava uma música com o nome dele, onde falava que eu gostava dele, mas eu dizia que não era ele, era outro menino..."

E comecei a cantar a música: "você gosta de mim Luciano,/ eu também, de você, Luciano,/ vou pedir a seu pai, Luciano,/ pra casar com você, Luciano..."

À medida que ia cantando, um ar de risonha compreensão e cumplicidade foi aflorando no rosto de todos.

Em seguida fui cantando com o nome de cada criança e rapidamente a música tomou conta da roda, num misto de confissão e alegria descontraída declaravam, cantando, que se gostavam.

A partir desse dia, sempre quando estávamos todos reunidos, alguém começava a cantar a "música do Luciano", cantando com o nome de cada um.

Em alfabetização,[1] estávamos trabalhando a invariância da consoante e a variância da vogal, a descoberta das famílias silábicas MA–ME–MI–MO–MU, RA–RE–RI–RO–RU etc. Por isso, introduzi outra música explorando as consoantes: "O A é uma letra que faz parte de ABC,/ Avana, você não sabe como eu gosto de você.../ Acauã você não sabe como eu gosto de você.../ O D é uma letra que faz parte do ABC..."

E assim fomos cantando todos os nossos nomes dentro do abecedário.

---

1 Neste 2º semestre iniciamos a revisão de todos os fonemas simples através de atividades de jogos, cartas, ditados e lições inventadas por mim e pelas crianças. Comecei a partir daí um trabalho sistemático para a descoberta das famílias silábicas: arrumar as palavras que iniciassem com os mesmos fonemas ou parear palavras que começassem com os mesmos fonemas etc. Paralelo a isso, muitas crianças já estavam lendo e construindo frases, passei, então, a trabalhar a formação de frases. No início frases curtas: "Eu comi banana." "Eu tomei vitamina." Tudo o que me contavam de muito importante, pedia para que escrevessem e devolvia a elas em forma de lição. Atualmente, estou iniciando um trabalho através de pequenos textos, sobre a vida do grupo, inserindo assim a frase no texto.

Essas duas músicas nos acompanharam durante toda a confecção do fantoche, enquanto trabalhávamos todos num só grupo. A música se tornou o símbolo da atividade e ao mesmo tempo um canal de expressão dos desejos não explícitos das crianças.

Antes da etapa final do fantoche (o teatro com cortina) tivemos "ensaios" em vários níveis:

1) Escolha dos personagens: ensaio com roupa, explorando o movimento dos braços correspondente aos dois dedos das mãos.

2) Quando as crianças trabalharam somente com a cabeça do fantoche sem roupa.

E finalmente o "teatro com cortina", que se desenvolveu também em duas etapas:

1) Numa primeira etapa, todos se apresentavam juntos, atrás da cortina, o que significava que ninguém entendia nada do que diziam. Todos falavam ao mesmo tempo num verdadeiro burburinho de ações.

Comecei a intervir no sentido de questionar se a plateia (crianças de outras classes da escola) estava entendendo (e, em muitas ocasiões, sequer ouvindo no meio da gritaria) o que diziam. Trabalhando, assim, a relação dinâmica ator–plateia.

Ao mesmo tempo, comecei a observar mais atentamente se não estava acontecendo algum tipo de agrupamento entre as crianças que possibilitasse a apresentação do teatro através dos grupos.

Suspeitei que havia, e encaminhei a organização do teatro, pedindo que cada um fosse me falando sobre seu personagem: nome, o que ele fazia, se ele ia aparecer sozinho ou junto com outro personagem, como era sua história, etc.

À medida que eu ia formulando as perguntas e anotando as respostas numa folha de papel, foi ficando claro que cada personagem estava dentro de um grupo; agrupados através de três interesses:

i. Princesa e fada.
ii. Super-heróis.
iii. Mãe e filha.

— Eu sou a princesa que tem um gato. O gato é o _____.

— A fada é _____.

— Eu sou o Homem–Aranha que luta com o Spectreman que é o _____.

— Eu sou a mãe, e a filha é _____.

2) E assim se configurou uma estrutura organizada para a apresentação do teatro. Cada grupo fazia sua apresentação, enquanto os outros assistiam.

Com essa estrutura, as próprias crianças organizaram-se sozinhas, sem mais necessitarem de minha intervenção direta.

Atualmente o desafio maior é fazer uma apresentação para toda a escola.

Em cima desse desafio venho trabalhando os elementos *coreográficos*: cenário, luz e som.

III

Foi a partir do surgimento do "cachimbo da paz" que começamos nossas pesquisas sobre os índios.*

— Estamos estudando índio agora, não é?

— Vou trazer uns livros lá de casa...

E nos dias que se seguiram, cada dia era um livro, um objeto, fatos sobre índios, num movimento de pesquisa constante. Todos os livros que

---

* Optou-se por manter aqui o registro original tal qual feito por Madalena Freire, em 1981, em razão de sua importância documental histórica. No entanto, hoje, sabe-se a importância de empregar as palavras "indígena" e/ou "povo originário", em vez de "índio" e "tribo". [*N. da E.*]

as crianças traziam, eu separava para estudar. Na tarde seguinte expunha resumidamente o que havia estudado. A partir daí anotávamos nossas descobertas e nossas dúvidas.

Separei um espaço, uma espécie de painel, onde fomos fixando, pendurando tudo o que as crianças traziam sobre o assunto.

Enquanto pesquisávamos os tipos de habitação (a construção da oca com palha de buriti), lancei a proposta de fazermos uma cabana no parque da escola. Aceitaram imediatamente. Meu objetivo continuava a ser, através da construção da cabana, trabalhar os dois grupos: meninos e meninas.

A participação dos dois grupos se efetuou de modo bastante cooperativo e a alegria foi geral no final quando viram a cabana terminada:

— Acabamos, está pronta a nossa cabana, a cabana do pré!

E imediatamente começou um jogo, de todo o grupo, onde índios e índias entravam e saíam da cabana, conversando:

— Mim mora aqui.

— Mim também mora aqui.

— Mim ser índio.

— Mim ser índia.

Sônia, responsável pelo trabalho de pais da escola, contou-me que havia estado numa aldeia em Mato Grosso. Falei com as crianças, e combinamos um dia para que ela nos falasse sobre o que viu. A vinda da Sônia provocou nas crianças a constatação de que tudo aquilo que estávamos pesquisando (*estudando*) nos livros era verdade mesmo…(!)

A cada encontro, toda vez que surgia algo que já havíamos visto (as construções das ocas, o buriti, alguns hábitos) imediatamente repetiam: "isso nós já sabemos, nós vimos no livro isso".

Sônia também nos mostrou objetos, falou-nos sobre alguns rituais, quando o menino e a menina entram na adolescência. Disse de uma dança da qual participou juntamente com os índios, e que nos ensinou também. Esse, na verdade, foi o grande momento para as crianças. No fim do dia, organizaram a "dança do índio", onde todos pintados dançavam repetindo os movimentos e sons descritos pela Sônia…

Depois da vinda da Sônia, tivemos um período onde li algumas lendas e pesquisamos sobre índios de outros países – da América do Norte, México, Peru e Colômbia. Esse foi um período muito rico, pois as crianças começaram a fazer comparações sobre as diferenças e semelhanças que existiam entre um povo e outro.

Surgiu nesse período um álbum de figurinhas, muito bonito, sobre raças, em que se salientava a cultura de cada povo. Aproveitei para trabalhar, através do álbum, as relações dos seres humanos com o mundo, com a natureza. Relações que, ao transformar a natureza, criando e recriando as coisas através do trabalho, fazem a cultura. Por isso, tem a mesma importância, o mesmo valor, o trabalho de qualquer ser humano, seja índio, branco, preto ou amarelo.

Depois desse período tivemos a visita de um índio, o Marcos, e depois a visita a uma pequena exposição na USP sobre índios do Xingu.

A visita do Marcos foi um momento importantíssimo para todos nós. Para mim, foi um dado avaliativo muito especial, considerando tudo o que venho vivendo nesse período com eles. Durante todo o processo de pesquisa sobre os índios, em vários momentos eu me questionei se realmente o que estávamos vendo, *estudando* como eles próprios gostam de falar, era tão importante para eles assim como eu estava sentindo que era.

E o que aconteceu durante a visita do Marcos foi para mim um *videotape* de todas as etapas que havíamos vivido até aquele dia. Todas as nossas dúvidas, nossas descobertas, foram checadas, não esqueceram de mencionar uma sequer.

Logo de princípio, eles próprios se organizaram para a conversa com o Marcos. Uma das crianças buscou a folha onde estavam anotadas nossas dúvidas, entregou-me para que eu fosse registrando o que Marcos ia respondendo. E o pingue-pongue começou:

— Os suiá é a mesma tribo dos xavante?

— É verdade que os botocudo usam uma madeira nos lábios?

— O português tomou sua terra, foi?

— Você aguentou carregar o tronco? (Sobre o ritual de passagem.)

— Sua tribo mata os gêmeos?

— Você pode escolher com quem você quer casar?

— Sabia que o marido da Madalena quase comeu um bicho parecido com um rato, lá no Peru, com os índios?...

— Que brincadeiras que as crianças lá brincam?

— Sabia que nós aqui também temos nosso cachimbo da paz, só que é de chá...

Ao que Marcos questionou:

— Mas, na minha tribo, só quem fuma o cachimbo da paz é o cacique e o pajé...

Um momento de surpresa, pois pensávamos que todos fumavam o cachimbo da paz... Ao que de supetão uma criança respondeu:

— É, Marcos, mas nossa tribo aqui é diferente, Madalena é o cacique e nós todos somos o pajé...

Ficaram um pouco tocados quando Marcos contou que os índios não prendiam os passarinhos nas gaiolas, mas as crianças também logo retrucaram:

— É, mas você tem a floresta cheia de passarinhos...

No final Marcos contou-nos uma lenda (a pedido das crianças) e depois vimos *slides* sobre algumas tribos do Xingu.

A nossa ida à USP, para ver a exposição sobre os índios do Xingu, despertou um novo interesse: o de conhecer melhor a atividade dos pais. Isso se deu porque alguns pais trabalham na USP. Daí o alvoroço quando souberam da nossa visita à universidade.

A partir desta visita começamos uma conversa sobre o trabalho dos pais, o que faziam, quantos trabalhavam na USP e os que não trabalhavam lá.

Observei que as crianças expressavam um misto de fascínio e orgulho quando falavam do trabalho de seus pais. Lancei então a proposta de visitarmos os pais no local de sua atividade profissional. Aceitaram eufóricos. Desse modo, a visita à exposição se tornou também a primeira visita à mãe do Maurício, Irene. Estivemos em seu escritório, depois numa sala de aula. Fomos na área de lazer dos estudantes e no bar. Vimos onde ficava a biblioteca e o CEUPES.* Depois do lanche, "pipoca do pipoqueiro", oferecida pela Irene, voltamos à escola.

IV

Mas eis que surge outro fogo: *mulher pelada*.

Durante uma conversa na roda sobre índios, em que víamos fotos de índios e índias nus, uma das meninas levanta o assunto:

— Na minha casa tem uma revista só de mulher pelada. Eu vou trazer amanhã, posso Madalena?

— Claro que pode – respondi.

E assim combinamos que *mulher pelada* seria o primeiro assunto da roda do dia seguinte.

Percebi que o interesse, a curiosidade, o que buscavam compreender não era a *mulher pelada* em si, mas, sim, o nascimento. Não era sobre o ato sexual e, sim, o parto. Já vinha observando, com frequência, várias brincadeiras, em que o interesse central era o nascimento e o parto. Separei, então, um livro sobre parto e todas as suas etapas a fim de levar para a roda.

No dia seguinte, no meio da roda uma revista *Playboy* meio escondida como algo proibido nas mãos, um livro de pinturas de Degas (sobre nus), trazido por outra criança) e meu livro sobre parto. Começamos a roda num clima de muita excitação. Todo o grupo num jogo estereotipado do comportamento sexual – tanto masculino como feminino. As meninas diziam para os meninos:

— Olha, nós vamos mostrar para vocês *mulher pelada*...

Os meninos respondiam:

— Mostra, nós queremos ver as boazudas...

---

* Centro Universitário de Pesquisa e Estudos Sociais da Universidade de São Paulo.

Começamos vendo o livro de Degas. Salientei a importância dos esboços, nos desenhos que o livro abordava e dei algumas informações sobre o pintor. Aproveitando a oportunidade, chamei a atenção para os "esboços" que as próprias crianças realizam quando, ao desenharem, fazem ensaios anteriores ao desenho que consideram definitivo. Sugeri, então, que guardassem as folhas dos esboços em lugar de simplesmente as jogarem fora. Comparamos as técnicas usadas em dada pintura, seus efeitos etc.

Sublinhei a beleza do traço nos desenhos, a semelhança que havia entre o desenho e um corpo nu "de verdade". Acrescentei que os pintores necessitam estudar anatomia para melhor desenharem e que alguns desenham, pintam com a presença de modelos, outros não.

Tentei mostrar, enfim, que o nu não é somente a "mulher boazuda", pode ser também um desenho maravilhoso de Degas.

A excitação foi diminuindo…

Passamos para a *Playboy*. Fui vendo calmamente a revista, quando alguém comentava:

— Olha a xoxota!..

Eu dizia:

— "Xoxota" é apelido, o nome é vagina. Você nunca tomou banho com sua mãe?

— Não, nunca! Eu só vejo minha mãe nua pelo buraco da fechadura!

— Pois eu tomo banho com minha mãe e meu pai.

— Eu só tomo com meu pai.

— Olha que xoxota peluda!

— Você já tem pelos na xoxota?

— Não…

— Pois você quando crescer vai ter pelos igual, como eu e sua mãe. Essas mulheres da revista já têm pelos.

— Mas homem também tem pelos?

— Tem sim.

— Meu pai tem um monte dessas revistas lá em casa.

— Tem gente que gosta de ver estas revistas, tem gente que não gosta. Eu não gosto.

Fiz questão de marcar para as crianças que não significava nada para mim aquele tipo de revista, que até eu poderia ver, mas que preferia um tipo de livro como o de Degas.

— O pinto do homem é pra fora, é grande?

— "Pinto" é apelido, o nome é pênis. O "pinto" do homem é pra fora, a vagina da mulher é pra dentro, porque sai o neném pela vagina.

— Olha que peitão!

— Homem tem seio?

— Não.

— Pois é, mulher tem seio porque mulher dá de mamar ao neném. Mulher tem vagina, que fica pra dentro pra poder sair o neném. Essa mulher da revista está grávida?

— Não.

— Pois então eu vou mostrar uma mulher grávida, pra vocês verem a diferença.

E fui mostrando o meu livro sobre o parto.

Nessas alturas, todos deixaram de lado a revista *Playboy* e o interesse passou a fixar-se no meu livro sobre o nascimento.

O corpo tenso e rígido do início da roda estava agora solto, relaxado, deitado na roda, ouvindo-me falar dos meus partos. Sobre como foi o parto de cada uma das minhas filhas, da bolsa de água – que sempre rompeu antes da minha chegada ao hospital –, das correrias por isso, do colo do útero que nunca dilatou o suficiente para que meus partos fossem normais etc. Com isso, uma avalanche de perguntas e histórias sobre como cada um nasceu:

— Eu nasci pela vagina da minha mãe.

— Eu nasci pela barriga.

— Cesariana, como minhas filhas?...

E fomos vendo no livro o parto cesariana, as etapas do parto normal: a dilatação, a expulsão, o neném saindo, o cordão umbilical.

E assim acabamos a roda, de forma que não tinha nada a ver com seu início.

Silêncio e paz.

Parecia que havíamos nos isolado do mundo naquele momento...

No dia seguinte, uma das crianças trouxe um boneco de mola que sob pressão pulava. Como no dia anterior tínhamos vivido na roda uma situação onde senti movimentos tensos e depois relaxamento, aproveitei para explorar, através do boneco, tensão e relaxamento.

A proposta foi esticar todo o corpo como a mola do boneco, soltar o corpo caindo mole no chão e depois pular como o boneco.

Passamos alguns dias fazendo o mesmo exercício, depois começamos a pesquisar sobre tensão e relaxamento nas partes do corpo: cabeça, braços, pernas e pescoço.

Pesquisando o movimento da mola, fizemos uma mola com arame. Observamos na natureza coisas que têm este movimento: cipó enrolado, gavinha do maracujá, uma concha do mar etc. Exploramos movimentos de enrolar e rolar e para isso fizemos um rocambole.

Boneco de mola

Nesse momento, na roda, o assunto de "xoxota" e "xixi" voltou, dessa vez puxado por um menino:

— Olha, meu "pinto". (Tirando as calças.)

— O meu é maior que o seu.

Aproveitei e falei:

— Eu conheço um livro que mostra a diferença entre menino e menina nus. Vocês querem ver amanhã na roda?

Dei este encaminhamento porque senti que esse interesse era continuação do anterior: primeiro, nascimento e, agora, "como é meu corpo?"

A resposta veio num coro:

— Queremos!

E o assunto já foi para a pauta do dia seguinte.

Quando a roda começou, os meninos estavam um pouco agitados, brincavam de passar a mão na "xoxota" da menina da foto, no livro. Disse-lhes, então, que iríamos fazer barro ao final da roda. E fui calmamente mostrando o livro ao mesmo tempo que ia contando sobre quando eu era criança, que eu não entendia como que saía o neném da barriga da minha mãe, que também queria saber como era meu corpo, o dos meninos... E que eu tinha uma amiga cujos pais não conversavam sobre essas coisas com ela e ela se achava perdida, mas que os meus pais conversavam comigo (tem gente que pensa de um jeito, gente que pensa de outro), mostravam livros, igual ao que estamos fazendo agora, aqui na roda.

A agitação foi desaparecendo, todos de olhos grudados em mim, conversávamos comparando as diferenças entre o corpo da menina e o do menino. A roda chegou ao fim e outra vez o corpo relaxado, escorrido, deitado na roda...

Como havia sentido no início da roda a necessidade em algumas crianças de trabalhar com as mãos, dei barro, mas naquele ponto a necessidade de manipulação já não existia mais.

No dia seguinte, na hora do parque, noto uma correria para a sala, um vai e vem, um pra lá e pra cá... Vou até lá e o que encontro: uma sala de parto.

Uma das meninas deitada na mesa, médicos, enfermeiras e acompanhantes ao seu redor. Pergunto:

— O que está acontecendo?

E me respondem:

— Ela vai ter um filho!

O médico com o livro (meu livro sobre parto) na mão ia instruindo a paciente.

— Agora vai ter que fazer força!

— Mais força.

— A bolsa de água já estourou?

— Não.

— Abra as pernas!

E nada do neném nascer... Pergunto:

— Será que vai ser preciso fazer cesárea? (Minhas intervenções nos jogos são sempre as de quem lança desafios, questiona, irradia, retrata e devolve o que vê.)

E o médico passava rapidamente as folhas do livro em busca das fotos sobre um parto de cesárea...

O jogo ficou um bom tempo nesse impasse até que a paciente deu o desfecho:

— Não, meu filho não vai nascer hoje, meu marido não está aqui.

No dia seguinte, depois do parque, já entraram em classe com um jogo organizado. A parturiente, neste dia, era outra, já tinha trazido uma boneca de pano – que discretamente foi colocada embaixo da sua saia. Num canto da sala, arrumei um vidro de mercúrio, cotonetes, algodão e deixei à disposição dos médicos e médicas, enfermeiras e enfermeiros.

Na sala um clima de absoluto silêncio e concentração. A equipe de enfermeiros preparando a parturiente, passando mercúrio pelas pernas e na barriga –, a equipe médica consultando o livro e a parturiente seguindo as instruções:

— Agora você pode abrir as pernas.

— Pode começar a fazer força.

— Mais força!

— Deixa eu ver se o neném está mexendo...

— Daqui a pouco vai estourar a bolsa de água.

Com essa observação a equipe de enfermeiros começou a buscar água...

— Pronto! Estourou a bolsa de água!

E a equipe de enfermeiros começou a jogar água, da cintura para baixo, na parturiente...

— Tenha calma, tenha calma, o neném daqui a pouco vai sair.

— Faça força! Abra a perna!

E afinal, num movimento rápido, a boneca vai escorregando da barriga para a vagina e os médicos vão puxando sua cabeça e todos gritam e batem palmas.

— Nasceu! Nasceu! Viva! Viva!

O neném é entregue à mãe, que faz que dá de mamar. (Passou despercebido que as crianças não se deram conta do cordão umbilical.)

Todos cumprimentam a mãe, que desce da mesa de parto e comenta:

— Puxa, a perua* já chegou, deixa eu pegar minha pasta...

---

* *Perua* é o nome que algumas regiões do Brasil usam para se referir a vans de transporte escolar privado.

Depois desses jogos, dois mais aconteceram, também de forma encadeada, dessa vez com o tema "casamento". Um deles foi bastante rico, cheio de detalhes. Ensaiavam o casamento e depois convidavam outras crianças para assistirem. No final, até a plateia participava jogando arroz nos noivos.

Todo o grupo se integrou nos dois jogos – havia uma preocupação nitidamente realista, em copiar fielmente a realidade. Tanto assim que as "damas de honra" (eram tanto meninas quanto meninos) ajoelharam-se para parecer crianças pequenas...

Vejo todo esse processo, desde o surgimento dos dois grupos até a sequência desses quatro jogos, como um todo único e articulado. Uma busca curiosa, intensa e viva de entender e assimilar o mundo através do jogo dramático.[2]

---

2 Gostaria de transcrever aqui um texto de 1974 da Telma [Weiss] (encarregada do centro de estudos) sobre jogo dramático: "Sendo a representação o interesse maior da criança de 2 a 6 anos, é para esta atividade que ela traz seus interesses específicos, isto é, ela representa tudo o que tenta compreender melhor. Especialmente no jogo, que é essencialmente seu instrumento para assimilar o mundo, para expressar-se cognitiva e afetivamente, e trabalhar as dificuldades. O enriquecimento e socialização dos símbolos individuais tornam o jogo um instrumento mais eficiente de assimilação da realidade. Ao mesmo tempo, sem que isso seja propriamente um objetivo, favorece a compreensão dos códigos sociais. A emergência de interesses no jogo possibilita a ampliação de experiências (ação pedagógica) que consiste em um confronto planejado com a realidade (meio). Os resultados dessa técnica de trabalho são imediatos, o jogo passa a assimilar essa nova realidade mais complexa, a trabalhar novos papéis, funções e conceitos que são – através do jogo – elaborados.

"Um jogo pode ser 'forte' (aparecer com frequência) e 'pobre'. Isso quer dizer que só se pode ampliar experiências trazidas pelo jogo. Uma realidade pode ser explorada quando se sabe que existem condições de compreensão e interesse e, geralmente, ela é incorporada ao jogo. A história é também um instrumento de enriquecimento do jogo. Quando a atividade pedagógica desloca seu centro da cabeça do adulto para a ação da criança, e mais especialmente em jogo, a primeira coisa que perde sentido é a divisão em áreas programadas. Tornando-se então necessário um preparo muito maior da professora para partir de uma atividade espontânea da criança, localizar e orientar sua assimilação do mundo (...). Na educação pré-escolar, o jogo é ferramenta de análise, ação e avaliação ao mesmo tempo – desde que se esteja fundamentado para compreendê-lo. Como diria Piaget, 'a gente não vê o que enxergar, vê o que sabe'." [Trecho retirado do material de divulgação e circulação do centro de estudos.]

Meu desafio foi o de tentar fazer a leitura correta do que via para poder localizar e orientar essa assimilação. E, especialmente, para estar junto com as crianças nessa onda, que aos poucos vai se formando, crescendo. No início é só água solta, sem rumo, que se amontoa. De repente, surgem todos numa mesma direção, numa gigantesca onda, num movimento intenso de busca. Depois, como se estivesse amainado o ímpeto da procura, a onda se desfaz calmamente numa serena paz. Para mim é maravilhoso.

Antes de terminar este relatório, gostaria de falar da importância que teve, para mim, a presença de três estagiários nesse período em classe.

(Esses estagiários fazem parte do grupo de formação de educadores do centro de estudos.*)

Foi muito importante, porque tive a possibilidade de ter a visão de outra pessoa, que, por não estar envolvida com o processo vivido por mim e as crianças, viu coisas que eu sozinha não teria visto. Também foi um desafio tê-los em classe, na medida em que minha cabeça estava em dois polos: nas crianças, no espaço de cada uma e suas necessidades, e neles, enquanto adultos, com seu espaço e necessidades específicas de *observadores*.

Era como se, de repente, eu, como professora, tivesse duas classes ao mesmo tempo. Não quero dizer com isso que foi um peso para mim. Muito pelo contrário, foi um período rico, cujo desafio (a minha relação com eles, eu, professora, e eles, *observadores*) foi tentar sempre explicitar ali, na hora, o que queria com aquela minha atuação com as crianças, a qual eles "observavam". O que queria com aquele encaminhamento, como ele surgiu, ou o que pretendia com esta ou aquela forma de trabalhar etc.

No final do estágio, recebemos deles uma carta e, como compartilhamos algumas descobertas, espantos e dúvidas juntos, transcrevo agora a carta.

> Impressões do grupo de observação
> Anete, Moca e Bia
>
> A cada entrada na classe do pré, descobrimos que a Lua, o Sol, o arco-íris, os planetas ali estavam por alguma razão.

---

* A existência do centro de estudos é parte fundacional da proposta pedagógica aqui empregada. No centro, os professores falam de suas experiências, dividem os desafios do dia a dia e estudam a prática e a teoria. O mais importante, porém, é a possibilidade de troca coletiva em prol de uma construção alinhada entre conhecimento e prática.

Foram apenas alguns dias de contato. Chegávamos e sentávamos numa cadeirinha no canto da sala e, em poucos momentos, tínhamos o tamanho daquela cadeirinha.

Íamos observando, anotando o que dava e como dava. Tudo acontecia naquele imenso "espaço".

A roda do início anunciaria como seria o dia. Saturno, mulher pelada, índio. Parecia muita coisa, como falar disso tudo, o que fazer com tudo isso?

Tula fazia aniversário; Dany organizando o jogo de futebol; Juja com sua revista; Madinha olhando tudo, atenta; Vadico procurava uma palavra no dicionário; Acauã trazendo postais sobre índios; Tamara falando de sua boneca; Avana cuidando da limpeza da classe; Emília trazendo o bolo para o cachimbo da paz; João com seus aviões; Maurício querendo ver uma aldeia de índios; Rogério se pintando para a dança dos índios.

E como numa roda viva todos contribuíam, falavam e participavam sem medo, pois sabiam que todos tinham um espaço garantido. E Madá devolvia tudo para as crianças com a mesma intensidade. Tudo era vivo. E tudo pulsava.

O dia prosseguia; e nós, *observadores*, tentávamos persegui-lo. Mas que tarefa: Uff!

Fantoche: começava e terminava; jogo dramático: começava e terminava; hora de escrever: começava e terminava; e tudo tinha um ritmo, uma música e, essencialmente, uma harmonia. Era uma classe. Quase que o tempo todo tínhamos certeza disso. Era um corpo e cada movimento tinha início e fim. E que sensação gostosa saber que as coisas têm um fim e logo um outro novo início.

Da primeira vez que vimos, tudo parecia um sonho e como era bom ver que aprender podia ser assim.

O tempo correu. Que pena! O estágio chegou ao fim.

Com cerveja, amendoim e muito papo trocamos o que sentíamos.

— Nossa, você viu que incrível aquela hora que cantavam e faziam fantoche?

— E aquela hora que fizeram nascer uma criança?

E blá, blá, blá...

Depois de muito blá, blá, blá, tivemos vontade de dar alguma coisa em troca do muito que recebemos.

E aí está, é o que conseguimos depois de muita conversa.

Um grande e forte beijo
de nós três,
Anete
Moca
e
Bia
81/9/29

tula

ROGÉRIO

familias

DANIEL

MADÁ

ACAUÁ

Moda Cena

JOAÒ

VLADIMIR

JUJÁ

TAMARA

MAURICIO

AVANA

Novembro e dezembro

I

Em fins de setembro surgiu um jogo de vender desenho. O que me chamou a atenção foi a forma de organização do jogo. Eram três "turmas" em que todos desenhavam e assinavam em conjunto com as primeiras sílabas do nome de cada um, formando o nome do grupo (por exemplo, MAJODA). Os planos de duas turmas eram:

Primeira turma: vender os desenhos e o dinheiro ganho seria dividido entre eles. Cada um comprava o que queria para si.

Segunda turma: dentro da mesma estrutura, mas queriam comprar brinquedos para o pré. Algo assim, como uma cooperativa escolar.

Ressaltei que gostava muito da ideia das duas turmas e que a Escola da Vila era uma espécie de "turma" também.

Para mim esse jogo foi um dado avaliativo importante, pois vi claramente que todo o trabalho centrado na cooperação (desde o início do ano) estava dando seus frutos.

A leitura que fiz do jogo – o que queriam saber, conhecer – era sobre a relação de compra e venda, no fundo a relação com o dinheiro. Iniciei então um trabalho para alimentar o jogo.

No dia seguinte trouxe vários tipos de cédulas e moedas, brasileiras e de outros países, e trabalhei a contagem, estabelecendo a correspondência entre quantidade e símbolo.

Aproveitando a ideia da Zélia, mãe da Avana, começamos a ler na roda a *História da riqueza do homem*[1] – que eu estudava antes e adequava a linguagem – em que explorei como surgiu o dinheiro.

---

1 Livro de Leo Huberman.

Depois de um período de observação do jogo, decidi brecar as vendas. Isso porque começavam a surgiu preferências por desenhos de algumas crianças, criando um clima de fulano "desenha melhor que todos, todo mundo só quer comprar o desenho dele" (mesmo os desenhos não sendo assinados). E também porque todo o trabalho em plástica está centrado não somente no produto, mas sim no processo. Com as vendas, o que começava a existir era que o desenho enquanto produto estava sendo mais valorizado.

Não gostaram muito da decisão, mas no final concordaram.

Ainda propus que poderíamos trocar desenhos entre outros prés, tentando ligar com o que tínhamos lido sobre o surgimento do dinheiro, mas não vingou. Recusaram simplesmente. Percebi que não era por aí...

Mas eis que surgem os papéis de carta, trazidos pelas meninas. Dou a maior ênfase à troca e começamos a fazer nós mesmos nossos papéis de carta. Retomamos algumas das técnicas que já havíamos trabalhado no ateliê: placas de impressão, máscaras, desenho com caneta esferográfica e hidrocor, decalcomania e colagem.

Todas as crianças participaram da atividade, tanto meninas quanto meninos iniciaram suas coleções de papel de carta.

Um dado avaliativo para mim foi a participação dos meninos nessa atividade. Não houve o comportamento estereotipado de antes, do tipo: "isso é só de menina". O que para mim é fruto do trabalho anterior, a partir dos estereótipos masculino e feminino. Eles participaram animadamente das trocas. Havia uma hora só para isso, que geralmente acontecia quando terminavam de fazer seus papéis.

Na roda também começamos a ter um espaço onde mostravam seus papéis de carta. Esse interesse é uma constante até hoje. Creio que, na verdade, nasça do desafio (que para as crianças vira um jogo) que é o de se pôr no lugar do outro, dentro do ponto de vista do outro, de perceber que existem pontos de vista diferentes. E, também, na coleção há um desafio de igualdade, diferença e classe. Esse desafio para ser entendido, assimilado, transforma-se num jogo de TROCAR papéis de carta. E o que envolve a troca, de mais fundamental, se não uma disposição cooperativa para que ela se efetive?

Pude perceber isto claramente numa das atividades, onde estavam recortando revistas para trabalharem com colagem (também para a confecção de papéis de carta) e toda relação envolvia a troca e, implicada nela, os limites de cada um:

— Essa figura eu não quero. Será que você não pode trocar por outra?

— Eu posso trocar por essa, esta eu não posso.

— Você é gozado! Você só quer as figuras bonitas pra você!

— Não é verdade, você só está dizendo isso pra eu te dar essa figura...

— Tá bom, eu guardo essa figura pra você.

— Você guarda pra mim também? Depois você pode escolher uma figura na minha revista, tá?

E foi observando situações como essas, em que a troca se efetuava, que pude constatar (com alegria) uma relação forte, real, de cooperação.

II

Durante a observação de um *jogo de tubarão*, lanço a pergunta:

— Vocês já comeram um tipo de tubarão chamado cação?

— Não...!

— Vou trazer, então, para o cachimbo da paz, amanhã: topam?

— Topamos!

No dia seguinte trouxe meio quilo de cação a fim de prepararmos para o nosso *cachimbo*. Alguém comenta que eu "trouxe muito pouco peixe". Eu explico que, infelizmente, o preço do quilo (exploro assim o sistema de medidas) do cação está muito caro, custa Cr$ 400,00. Daí que comprei só meio quilo e gastei Cr$ 200,00 (aproveito para trabalhar ainda os conceitos de inteiro e metade).

Trabalhamos também formação de frases com "tubarão".

Retomamos nos dias que seguiram as frases formadas (nas lições de casa) ou como cópia ou com a proposta (das crianças) "de fazer o desenho da frase que mais gostou".

Enquanto temperávamos o peixe, toda a conversa girou em torno de dinheiro: o que custa caro, o que custa barato, que para comprar uma coisa cara é preciso juntar dinheiro etc. Nesse instante alguém tem um "estalo" e dá uma ideia:

— Que tal se a gente juntasse dinheiro para comprar mais cação pra gente comer?

— Isso!

— A gente podia juntar dinheiro e ter o cofre do pré!

— A gente podia também comprar brinquedo pra todo o mundo de nossa classe!

Vibração geral! Abraços e vivas! Eu topo! Eu topo!

Saliento, ali no ato, que gosto muito da ideia, pois ela tem o mesmo "jeito" (espírito) das turmas de desenho.

Dei esse encaminhamento para retomar o que aconteceu de valioso com as turmas de desenho. Acho muito importante que o professor retome sempre o processo com as crianças, para que elas percebam que o cofre surgiu nesse momento só porque houve antes a turma de desenho.

Exploro, então, a palavra BRINQUEDO, dando a ênfase do BRIN, fazendo a diferença entre BRI e BRIN, e no QUE. Pesquisamos palavras que começam com QUE e palavras onde o QUE se encontra no meio e no final da palavra.

Apresento um impasse:

— E de onde vamos conseguir o dinheiro?

Passei no mesmo *beco sem saída* da atividade do vender desenho, pois de cara eles me gritaram:

— Vamos vender desenho!

Retomei tudo que já havíamos conversado e reafirmei que não poderíamos vender desenhos. Diante do impasse, resolvemos que cada um iria pensar em como iríamos conseguir o dinheiro e que depois retomaríamos a questão.

Gostaria de frisar aqui a importância, sem jamais cruzar os braços, de dar tempo ao tempo, de saber esperar, de confiar nas crianças e em nós adultos. Confiar em que, juntos, poderemos descobrir as possíveis soluções para as questões que surgem.

Passou-se um uns dias e eu sempre pensando em como iríamos conseguir o dinheiro para o cofre. Levantei possibilidades:

1) Fazer pão, que aprendemos com o Gogui, pai do Acauã, e vendermos;
2) Vender plantas...

Mas essas propostas não fascinavam ninguém e ficava tudo na estaca zero. Até que um dia, surgiu uma conversa na roda sobre mesada. Conversa vai, conversa vem e alguém grita do outro extremo:

— Tive uma ideia! Já sei!

— O que foi? – pergunto espantada.

— Por que a gente não traz o dinheiro da mesada para nosso cofre?!

— Ótima ideia!...

— Mas toda a mesada não!

— Eu não posso dar toda a mesada, porque estou juntando dinheiro para comprar um presente para meu irmão!

— Não precisa ser todo o dinheiro, pode ser o que cada um acha que pode tirar da mesada.

Mais que depressa alguém correu, pegou uma lata e escreveu COFRE DO PRÉ. E no dia seguinte "choveu" dinheiro... Numa folha de papel, cada um escrevia seu nome e sua contribuição.

Atualmente, nosso cofre está quase cheio, pesado como chumbo, e já combinamos que vamos comprar uns bonequinhos, super-heróis. Uma das crianças nos trouxe a informação de que um saquinho com cinco bonecos custa Cr$ 180,00. Trabalhei o cálculo de quantos saquinhos precisamos comprar, se são doze crianças, e quantas vezes vamos gastar Cr$ 180,00 (conjunto).

É importante frisar que essa relação de cooperação e respeito não se dá somente entre crianças do pré.

Tivemos a oportunidade de trabalhar juntamente com o 4º grau (classe da Reca em livros de histórias, feito por cada um, para a construção de uma biblioteca das duas classes, onde pude observar por parte das crianças um profundo respeito pelo processo de expressão (desenho) dos menores.

— Olha só como melhorou no desenho! Lembra como ele desenhava antes?

— Eu, quando era da idade dele, eu desenhava igual...

— Claro, né! Cada um desenha do jeito da idade que tem.

— É sim, só desenhando bastante é que a gente vai aprendendo...

Dentro dessa relação de cooperação e respeito, está também implícito um comportamento crítico, diante de tudo, na relação entre eles e comigo. Pude constatar esse comportamento dias atrás, quando, num período em que eu estava mais cansada e, portanto, sem muita paciência, fui mandando sair, sem muita conversa, um grupo de crianças que estava na sala, mas que já devia estar no parque.

Ao voltarem de lá, convocaram uma reunião para discutirmos:

— Briga com a Madalena.

Confesso que fiquei surpresa e perguntei:

— Que briga?

— Você toda mandona, falou alto pra gente sair da classe, quando a gente estava trocando papel de carta...

— Você estava parecendo a mãe da gente...

— Nós não gostamos disso e até fizemos uma reunião no parque.

Respondi que tinham inteira razão nas suas críticas, pedi desculpas e expliquei que naquele dia, especialmente, eu estava muito cansada e, se por acaso acontecesse aquilo outra vez, que eles me chamassem a atenção, pois isso me ajudaria.

Nesse mesmo dia, surge uma discussão entre duas crianças e vou conversar com as duas, quando alguém chega junto de mim e fala baixinho:

— Calma, Madalena... Calma...

Agradeci a ajuda, ainda muito cansada, mas numa alegria imensa fui conversar com os dois.

Tudo isso reforça em mim o acerto de uma prática pedagógica em que vamos nos tornando criticamente sujeitos, discutindo, indagando, questionando-nos. O acerto dessa prática está nos mínimos aspectos – na indagação de por que briguei com fulano e fulano brigou comigo ou na discussão se vamos pendurar o Homem-Aranha nesta ou naquela parede.

III

Uma das meninas trouxe certo dia um esmalte para a roda. Perguntei-lhe se poderia marcar uma hora para pintar minhas unhas... Respondeu que na hora do parque. Foi essa pergunta que desencadeou o jogo de *salão de beleza*.

No parque, então, nos encontramos. Atuando como cliente, comecei a conversar com ela, como se ela fosse manicure. Aos poucos foram chegando outras crianças que também queriam pintar as unhas. O esmalte era pouco e, enquanto pintavam as unhas, já iam combinando a continuação do jogo para o dia seguinte.

Na roda do dia seguinte os esmaltes e uma novidade: os produtos de maquiagem foram recebidos com grande alvoroço pelas meninas. Os meninos muito interessados também, mas não se davam o direito de demonstrar o fascínio pela maquiagem... Comecei então a contar histórias de artistas, homens que se maquiavam para representar no teatro, no circo e até na televisão.

Aos poucos foram relaxando e começaram a falar dos palhaços que se pintam, dos mascarados no carnaval etc. Contudo, sempre faziam questão de frisar:

— Mas homem não usa batom, assim, como mulher...

— Nem pinta o olho...

Senti que me pediam para marcar as diferenças quanto aos papéis masculino e feminino no pintar-se, e dar a eles algum respaldo se demonstrassem o interesse na atividade. Salientei então que homem não usa pintura do mesmo jeito que mulher, que o jeito do homem de se arrumar, de se pintar, é diferente da mulher. Homem só se pinta no teatro, no circo, na televisão.*

E de imediato alguém me interpela:

— Mas, Madalena, isso só aqui em São Paulo, porque os índios são o contrário: homem se pinta, mulher não... (Referindo-se ao que estudamos sobre os índios.)

— É isso mesmo, depende do jeito de viver, de onde se está vivendo... (Salientando as diferenças de cultura.)

Depois dessa minha ressalva se integram nas combinações e preparativos para o *salão de beleza*, que seria na hora do parque.

---

* O debate sobre "gênero" se ampliou e se transformou muito nas últimas décadas. Há diferentes maneiras de abordar a questão, mas, de maneira geral, atualmente é entendido que expressões individuais não podem ser atribuídas a determinado gênero sob determinada circunstância – isto é, homens só poderiam se maquiar em contextos artísticos. Esse, no entanto, é um debate em aberto e em constante construção. Nas ações de Madalena Freire é possível observar um passo importante e vanguardista para a desnaturalização das imposições de gênero já na década de 1980. [N. da E.]

Chegada a hora, levaram as cadeiras da nossa sala para a sala da frente e as dispuseram em filas paralelas para receber os clientes que eram as crianças de todos os graus – pequenos, médios e nós do pré, *os grandes*.

Havia os encarregados de receber os clientes na sala de espera e que os encaminhavam até os *pintadores de unhas e cara* – tanto meninas quanto meninos.

Observando o jogo, comecei a lançar desafios para um outro enriquecimento de papéis masculino e feminino:

— Gozado, quando eu fui no cabeleireiro cortar meu cabelo, tinha um homem e uma mulher cabeleireiros, mas também tinha um engraxate que engraxava sapato...

E, na mesma hora, começaram a improvisar um *limpador* de sapato e ficaram entusiasmados quando avisei que no dia seguinte iria trazer materiais para os cabeleireiros e os engraxates.

Nos dias que se seguiram, uma placa escrita SALÃO DE BELEZA foi afixada na porta da nossa sala. O jogo que começara no parque, com todas as crianças da escola, continuava na classe com seu espaço bem delimitado, cada função, cada personagem no seu lugar. Vários "profissionais" surgiram:

- O médico e a médica;
- O professor e a professora;
- O engraxate e a engraxate;
- O barbeiro (que fazia barba e pernas [...]);
- A faxineira e o faxineiro.

Todos esses e mais o cabeleireiro e a cabeleireira, a(o) manicure, o(a) pedicure, o maquilador e a maquiladora.

Era um espetáculo bonito de ser visto, cada um no seu espaço, na sua função atendendo aos seus clientes:

— Eu quero me pintar, mas bem clarinho.

— Você pode engraxar meu sapato?

— Você quer que eu te penteie?

Nenhuma função era rigorosamente fixa, havia um rodízio pelas profissões, o que possibilitava um maior enriquecimento do jogo.

Nesse período, os *cachimbos da paz* se realizaram "dentro" do *salão de beleza*, o que possibilitou o surgimento de mais uma profissão: garçons e garçonetes que trabalhavam na *lanchonete do cachimbo da paz*...

Houve dias em que na lanchonete do cachimbo da paz tivemos bolo e balas de açúcar que foram servidas com todo o ritual de sempre.

Ainda houve um dia em que lavamos a cabeça, com shampoo, secamos os cabelos no secador e penteamos depois com Gumex, o que causou um verdadeiro sucesso (sugestão ótima da Rosa, professora do jardim II).

Foi uma constante, em todos os jogos, e, mesmo quando não estavam jogando, todos os meninos e meninas passaram um bom tempo na frente do espelho penteando-se, perfumando-se, num cuidar-se carinhoso, num movimento de encontro consigo mesmo (deixei sempre na sala o *salão de beleza* "arrumado" com todos os seus materiais: espelho, escovas, pentes, perfumes etc.).

No decorrer dos primeiros jogos, ficou claro para mim (foi essa a leitura que fiz) que esse *salão de beleza* estava articulado aos jogos anteriores, sobre o nascimento e as diferenças sexuais entre menino e menina. O *salão de beleza* vinha agora como um cuidar, embelezar o corpo descoberto e aceito.

Outro aspecto do jogo, que foi assumindo um peso forte à medida que os jogos foram acontecendo, foi o surgimento de várias profissões. O *salão de beleza* foi transformando-se quase que numa amostra das profissões existentes.

E foi depois do jogo em que surgiram os médicos que achei oportuno – continuando nossas visitas ao trabalho dos pais[2] – visitarmos o centro de saúde, onde trabalham os pais de Rogério, Vadico, Emília e a mãe da Madá. Três médicos e uma enfermeira.

Antes de sairmos anotei as perguntas das crianças:

— Como é seu trabalho?

— Por que o coração para?

— Como se faz pra não ficar doente?

— Por que aquela doença (paralisia infantil) faz ficar paralítico?

Chegando ao centro de saúde fizemos uma roda com os pais e formulamos as perguntas. Foi uma roda muito rica, movimentada. Cada criança ouviu seu coração e o do amigo pelo estetoscópio e depois fomos visitar a sala de cada um dos pais. Visitamos ainda outras dependências do Centro, lanchamos no final e voltamos para a escola.

A visita seguinte foi à mãe do João, Monique, que é professora na escola e também artista plástica. Formulamos nossas perguntas na roda e Monique foi nos respondendo à medida que nos mostrava seus trabalhos.

---

2 Apenas para retomar: nossa primeira visita foi à Irene, mãe do Maurício, depois visitamos Zé Miguel, com quem fomos cantar nossa música do abecedário – descrita no relatório anterior – e ele nos acompanhou ao piano.

Foi uma oportunidade importante para as crianças descobrirem que mesmo um desenhista não tem a mesma representação de uma forma que eles têm na cabeça (o desenho da baleia, por exemplo). Que cada um tem uma imagem de baleia, que cada um desenha de um jeito (mesmo sendo adulto e desenhista). Observamos isso (eu e Monique), pelo fato de as crianças insistirem para que ela desenhasse um tipo específico de baleia – um tipo que, na verdade, era a baleia do repertório delas.

Outra coisa importante, desencadeada pela visita, foi a descoberta que fizeram de um aspecto de Monique até então desconhecido por elas (a artista plástica), apesar do nosso convívio diário. Assim, atualmente, sempre que desenham algo que gostam, comentam:

— Vou mostrar para Monique.

A próxima visita foi à Rosa, mãe da Tula, que é professora de inglês, mas que também sabe fazer pulseiras de miçangas.

Tive a preocupação de explorar nessas visitas o trabalho dos pais, não somente através das profissões de cada um, mas vendo o trabalho como um todo, onde podemos ter vários canais de expressão.

A atividade em si foi um pouco acima das possibilidades das crianças.

Mas o que foi importante foi que conhecemos a casa da Tula, nos reunimos numa roda num lanche "supergostoso", juntamente com a Rosa.

Como estávamos pesquisando baleias ("vida no fundo do mar") e soubemos que a mãe da Juja, a Raquel (que é cineasta), tinha um filme sobre baleias, nós a convidamos para passar o filme na escola.

Deixei em aberto a partir do que eu sentisse ser mais forte para as crianças, nossa ida até o trabalho. Assim, o pai ou a mãe, nesse caso, poderia vir até nós.

O filme da Raquel fez sucesso absoluto e foi "bisado" quatro vezes!

Raquel nos trouxe um doce (suspiro com banana) que foi o *ponto* do nosso lanche. Durante o lanche as crianças conversaram com a Raquel, intrigados como que ela pode filmar a baleia...

Depois seguiu-se a visita ao trabalho da mãe do Dani e dos pais da Tamara. Duas psicólogas e um psiquiatra.

Antes da visita à Eva e à Lúcia, entreguei-me com as crianças a uma série de jogos que permitiam a exploração de certos movimentos que faziam com mais frequência.

Foi assim que, de uma brincadeira de pega-pega cujo desafio era correr, se tocarem e cair rolando pelo chão, propus que todos deitados no chão fossem rolando um de cada vez, um por cima do outro.

Outra brincadeira, ainda em cima do mesmo interesse, da qual também participei, foi a seguinte: eu, com um enorme pano ia lançando a "minha rede" e pescando as crianças. Quem eu pescasse ficava num lugar determinado. No final, todos me ajudavam – segurando a rede comigo – a pescar as outras crianças. Foi uma brincadeira bonita que juntou a todos num único movimento.

Depois, a Eva sugeriu que com o pano fizéssemos uma espécie de rede para balançar cada criança. E, assim, eu numa extremidade e ela noutra, balançávamos quem quisesse a brincadeira.

Na roda, fizemos as perguntas à Lúcia e Eva, mas o que as crianças queriam mesmo era ouvir a história (que o Dani falou que a mãe sabia) do "pobre Adauto", "verdadeira, aconteceu mesmo, era o irmão dela!..." Lúcia nos contou e depois Eva também nos contou uma história sobre as aventuras de um menino que recebeu o nome de *ninguém*.

Fiquei pensando na importância de as crianças terem contato, na escola, com outros educadores – que não fosse sua professora, mas seus pais. E não seria mesmo a escola o lugar apropriado para reunir os educadores?

Depois das histórias, lanchamos juntos, visitamos as salas onde trabalham Lúcia e Eva e voltamos para a escola.

Conversamos na roda, antes com o Renato – expliquei para as crianças que a profissão dele não era aquela, mas que ele também sabia tirar fotos. Ele nos mostrou como que se põe o filme na máquina, como que regula a entrada da luz etc. Depois começamos a escolher os lugares aonde íamos tirar as fotos, o jeito que íamos tirar as fotos: se com nossos bichos ou sem os bichos, com quem ficaria (de cada vez) os bichos... Grandes discussões sobre o assunto.

Para mim foi um momento carregado de uma emoção forte e de uma saudade (já) grande... A próxima visita foi ao laboratório de bioquímica da USP, trabalho da mãe e do pai de Acauã.

Lá tivemos a oportunidade de observar de perto vários instrumentos e máquinas. E, particularmente, as crianças ficaram fascinadas por várias coisas: uma sala gelada onde os "bichinhos dormem", uma sala quente, um microscópio, uma lupa onde observaram o levedo (lembraram que já conhecíamos o levedo)... E a geladeira supergelada (que gela abaixo de 50° celsius).

Lanchamos todos juntos com a Marina e o Gogui, depois fomos conhecer uma sala de aula e voltamos para a escola.

A visita seguinte foi ao pai da Avana, Tenório. Nos reunimos em sua sala e, a partir das perguntas das crianças, Tenório foi falando do seu trabalho (ele é psicanalista). Visitamos outras salas, onde também se trabalha com crianças.

Algumas visitas ainda estão por se realizar enquanto escrevo este relatório, mas o que basicamente gostaria de salientar é a importância que senti, nas crianças, de terem os pais, as mães, dentro do nosso trabalho.

Para mim, repetindo o que já mencionei neste relatório e nos anteriores, é um dos eixos de nossa atividade.

A educação como processo de conhecimento que engloba tudo e todos: escola e pais.

Nesse processo, pais, irmãos e amigos (outras crianças) também veem à escola. Recebemos a visita de irmãos e amigos durante o ano, que vieram pelos motivos mais diversos: falar sobre suas escolas, sobre bichos, ensinar-nos como se faz flauta de barro, jogar futebol.

IV

Foi com as visitas ao local de trabalho dos pais que iniciei a experiência de leitura de textos. Sempre, depois de cada visita, escrevia um texto a partir das impressões das crianças e das minhas sobre a visita, o de que mais gostaram, o de que não gostaram, comentários etc.

Até então estávamos, como mencionei no relatório do 3º trimestre, na formação de frases ("escrever o que a gente pensa").

Gostaria aqui de falar um pouco desse processo de alfabetização – leitura do mundo e da palavra, que sempre caminharam juntos desde o início do ano. Quando digo que sempre caminharam juntos, quero dizer que a alfabetização fluiu, foi "gestada", *na vida, no todo, das experiências de cada um, no entendimento do mundo, na leitura do mundo.*[3]

A "decifração da palavra" fluiu naturalmente da nossa vida inserida no mundo. Fluiu da descoberta de que "borboleta põe ovo". Em seguida com o TATU (tatu-bolinha), que encontramos no pátio da escola. Com o SAPO, da minha casa, com a PIPOCA que dei de presente pela saudade

---

3 Vide o final do trabalho.

que tive das crianças nos feriados, com a PIPETA do Gogui, pai do Acauã, com a descoberta da formação de novas palavras:

— Eu descobri como se escreve TITIO.

— E como você descobriu?

— Tem uma menina que se chama TITI, daí eu juntei o O e ficou TITIO.

— Olha o que eu descobri: TU TAVA!

— Sabia que PATO, de trás pra frente, o que fica? TOPA. TU TOPA?

— Eu descobri sozinho a escrever VACA...

— Como que você descobriu?

— Eu descobri EVA e depois juntei o CA, virou VACA...[4]

E nessas descobertas e nesse viver, nesse dizer as palavras, a apropriação do processo de alfabetização foi se dando em cada criança. A minha função foi sempre a de propiciar organizadamente o *espaço* para que aquela apropriação se fosse dando.

No final do 1º semestre e início do 2º semestre, as descobertas eram distintas:

— Sabia que sempre é a mesma coisa? TU–MU–DU, TA–MA–DA.

— É, tem o TA–TO–TI–TE e o TU... (Em relação à descoberta das famílias silábicas.)

Organizei de modo sistemático os desafios (parâmetros de palavras que começassem com os mesmos fonemas, jogos com palavras que continham um mesmo fonema, repetidamente etc.) para que a descoberta da família silábica se coletivasse.

— Olha, quanta palavra que a gente já inventou: 76!

— Tem mais ainda... Tem muita palavra que não está aí, viu Madalena!

---

4 Trabalhamos bastante nesse período com a caixa de sílabas, na formação de novas palavras.

— Tem o RO do Rogério, mas o RRO de carro é com RR, sabia?

— Eu já sabia disso há muito tempo, TERRA é do mesmo jeito...

E foi com o domínio crescente da leitura das palavras que o novo desafio, surgiu: "Tudo o que a gente pensa, pode-se escrever: construção de frases."

Quem queria escrever sobre qualquer coisa, escrevia na lousa e depois todos copiavam no seu caderno:

— Eu tomei vitamina.

— Eu gosto de suco.

— Eu comi tubarão.

Trabalhamos bastante nesse período a estrutura da frase, *montando* e *desmontando* essa estrutura: oferecia a estrutura da frase embaralhada (a frase recortada) e pedia que montassem.

Tudo que vivíamos era documentado, escrito por eles:

— Tenho medo da baleia.

— A baleia é amiga.

— A baleia mora no mar.

— Madalena está chata.

— Eu detesto a Madalena.

— Eu amo _____.

— Odeio _____.

— Eu gosto da Madalena.

— _____ ama _____.

— Eu tenho medo do escuro...

Depois de uma festa de aniversário da Juja, onde vimos um palhaço:

— O palhaço é legal.

— O palhaço não sabe fazer mágica.

— O palhaço é bobo.

Certo dia se iniciou na roda uma conversa sobre "gente que escreve no muro". Salientei que muitas vezes tenho lido frases bonitas, que tinha visto uma perto da escola sobre São Paulo. E nasce dessa conversa a sugestão de escrevermos sobre a Escola da Vila:

— A Escola da Vila é minha escola.

— Eu adoro a Escola da Vila.

— Eu quero que a Escola da Vila tenha piscina.

— A Escola da Vila é legal.

O surgimento da biblioteca foi também uma ótima oportunidade para trabalharmos a história, a narrativa. E foi através dos livros de histórias que desembocamos com a leitura dos textos (sobre o trabalho dos pais) a consciência do tanto que já leem aflorou de modo claro:

— Puxa vida! Eu já leio tudo isso...

— Eu já sei ler mesmo, Madalena!

— Eu pensava que não ia ler tudo... E consegui!

Foi a partir desse momento que tenho observado nas crianças um interesse em ler *Livro de nossas estórias* do pré, num sentimento forte de apropriação, de retomar nas mãos nossa história vivida, agora, lendo-a com seus próprios olhos.

Terminando, gostaria de falar da minha alegria de vocês terem aceito meu convite (feito no primeiro relatório) de vivermos juntamente com as crianças a emoção da *paixão de conhecer o mundo*.

"A leitura do mundo precede a leitura da palavra, daí que a posterior leitura desta não possa prescindir da leitura daquela (...)

Este movimento do mundo à palavra e da palavra ao mundo está sempre presente. Movimento em que a palavra dita flui do mundo mesmo, através da leitura que dele fazemos. De alguma maneira, porém, podemos ir mais longe e dizer que a leitura da palavra não é apenas precedida pela leitura do mundo, mas por uma certa forma de 'escrevê-lo' ou de 'reescrevê-lo', quer dizer, de transformá-lo, através de nossa prática consciente.

Este movimento dinâmico é um dos aspectos centrais, para mim, do processo de alfabetização."

Paulo Freire, *A importância do ato de ler em três artigos que se completam*

LIVRO DE NOSSAS ESTÓRIAS
ESCOLA DA VILA, 1981

LIVRO DE NOSSAS HISTÓRIA ESTÓRIAS (PRÉ – 1981)

São Paulo. 19 de fevereiro de 1981.

O TUBARÃO ANEQUIM.

NÓS LEMOS NO LIVRO, A ESTÓRIA DE
UM TUBARÃO QUE TINHA 12.METROS.
O NOME DELE É ANEQUIM.   NÓS, ENTÃO
FOMOS MEDIR OS 12 METROS, NA CLASSE,
E NÃO DEU PARA DESENHAR O ANE-
QUIM NA NOSSA CLASSE,   ENTÃO NÓS
COMBINAMOS   DE   DESENHAR O TUBARÃO,
ANEQUIM, NA PAREDE DO PARQUE.
MEDIMOS   PRIMEIRO PARA VER SE DAVA
OS 12 METROS E DEPOIS DESENHAMOS.
ELE É UM TUBARÃO MUITO PERIGO-
SO. SÓ TEM NO MUNDO INTEIRO 3 ou
4 (QUATRO), DESSE TUBARÃO.
NO OUTRO DIA VADICO FOI MEDIR O

TUBARÃO E FALTAVA AINDA UM POUCO PARA FAZER 12 METROS.

FIM.

22 de fevereiro de 1981.

A BORBOLETA.

UM DIA ROGÉRIO TROUXE
UMA BORBOLETA, VIVA, PARA A
CLASSE.   ELA VOOU PELA
CLASSE E POUSOU NO ARMÁ-
RIO.

MADALENA NO FIM DO DIA
POS A BORBOLETA, ATRÁS
DA BORBOLETA AZUL, NA
PAREDE.

NO OUTRO DIA QUANDO
CHEGAMOS, ELA ESTAVA
MORTA E TINHA POSTO
230 OVOS.

OS OVOS FORAM MUDANDO
DE CÔR.

BORBOLETA

MUDANDO DE CÒR ... E HOJE SAIRAM
AS LARVAS.
MADALENA PòS AS LARVAS
NUMA VASILHA COM FOLHA
DE ALTACE. → ELAS NÃO COME
(23.3)

RAM NADA ENTÃO DANI

TROUXE DA CASA DELE FÔ.

LHA DE AMORA. TAMBEM NÃO

QUIZERAM COMER NADA.

MADALENA ENTÃO TROUXE DA

HORTA DA CASA DELA FOLHA

DE COUVE. E ELAS TAMBÉM

NÃO COMERAM !!!, ..

ZÉLIA ,DA CLASSE DO MATERNAL

DEU UMA IDÉIA DE TRAZER

UM VASO DE SAMAMBAIA PARA

PÔR AS LARVAS NELE.

ELAS FICARAM MAIS QUIETAS SEM FUGIR

MAS QUANDO CHEGAMOS ... ESTAVAM

TODAS MORTAS...

TODOS NÓS FICAMOS
TRISTES E CHATEADOS
COM A MORTE DAS
LARVAS...

FIM

SÃO PAULO 26 DE MARÇO DE 1981

A BRIGA.

HOJÉ TEVE UM BRIGA NA CLASSE.
MADALENA ESTAVA CONVERSANDO COM O PAI DO
VADICO, O MOISÉS, NO FIM DO DIA, E DE REPENTE,
UM CHÔRO: AII!... AII!... AII!...
MADALENA LEVOU AQUELE SUSTO! NUNCA TEVE UMA
BRIGA EM NOSSA CLASSE, ANTES.
QUEM ESTAVA BRIGANDO ERA O ROGÉRIO E O
DANI.
DANI ESTAVA EMCIMA DO ROGÉRIO PUXANDO
O CABÊLO E RÔ CHORANDO... MÁDALENA
APARTOU A BRIGA E PERGUNTOU:
— O QUE ESTÁ ACONTECENDO? PRÁ QUE ISSO?
DANI — FOI PORQUE ELE BATEU COM A RODA NA
    MINHA CABÊÇA! ENTÃO EU METI OUTRA RODA
    NA CABÊÇA DELE!...
RÔ — MAS FEZ ATÉ UM "GALO"!!! E JÁ TINHA
    OUTRO EMBAIXO!...
ENTÃO, MADALENA FALOU QUE A BRIGA ESTAVA
EMPATADA, POIS SE O RÔ BATEU NO DANI, E
O DANI BATEU DE VOLTA NO RÔ... E FALOU PA-
RA OS DOIS SENTAREM-SE UM POUCO, PARA
DESCANSAR E PASSAR A RAIVA...
    COMO O "GALO" NA CABÊÇA DO RÔ ESTAVA DOENDO
MADALENA, FOI COM ELE NO BANHEIRO E MOLHOU
SUA CABÊÇA. TAMBEM FICOU COM ELE NO COLO UM
TEMPO ATÉ PASSAR A DÔR...
    DEPOIS O MOISÉS CHAMOU O RÔ PARA ESPE-
RAR O JULIO. E ELE JÁ TINHA PARADO DE CHORAR.

O RÔ DEPOIS DA BRIGA FOI PARA A CASA DO VADICO, ESPERAR O PAI DÊLE.
ELE BRINCOU DE "PARA-QUEDAS", ASSISTIU "CHIPS" E DEPOIS FOI PARA CASA DORMIR.

FIM

25 de março de 1981.

O BUTANTÃM

NÓS FOMOS NO BUTANTÃ LEVAR NOSSAS
ARANHAS E NOSSA COBRA, PARA VER SE
ERAM VENENOSAS. E TAMBÉM PARA SABER
OS NOMES DAS ARANHAS.
NÓS FIZEMOS OS "CRACHAS" COM O NOME DA
ESCOLA E COM O NOSSO NOME PORQUE QUEM
SE PERDESSE, MOSTRAVA O NOME DA ESCOLA COMO
TELEFONE.
TAMBÉM LEVAMOS DUAS FICHAS DE PAPEL GROSSO,
PARA TUDO QUE A GENTE VISSE QUE GOSTASSE,
DESENHAR.
QUANDO NÓS CHEGAMOS, O GUARDA DO BUTAN-
TÃ FOI LOGO FALANDO QUE NÃO PODIA FALAR ALTO.
TINHA DUAS PARTES NO BUTANTÃ _ UMA SÓ DE
COBRAS E OUTRA SÓ DE ARANHAS.
NÓS VIMOS MUITOS TIPOS DE COBRAS. A CAS-
CAVEL, A SUÇUCURI, A CORAL, A COBRA CIPÓ
E MUITAS OUTRAS. NÓS VIMOS O MOÇO DO BUTAN-
TÃ TIRAR O VENENO DA COBRA: ELE PEGOU
UMA COBRA, ABRIU A BOCA DELA COM UMA PINÇA
EMPURROU OS DENTES E SAIU DUAS GOTINHAS AMA-
RELAS DA BOCA DELA.
TINHA UMA COBRA CORAL FALSA, QUE A GENTE
PODE PEGAR NELA E VER BEM DE PERTO.

A COBRA QUE NÓS LEVAMOS PARA SABER
SE ERA VENENOSA, NÃO ERA PORQUE
COBRA VENENOSA TEM A CABEÇA E A NOSSA
ASSIM

TEM ASSIM: ⬭ — NÃO ERA VENENOSA. E TAMBÉM PORQU
COBRA VENENOSA TEM SINO-CHOCALHO NO RABO. A NOSSA NÃO TEM.

NO LADO DAS ARANHAS, NÓS DESCOBRIMOS QUE NOS-
SAS ARANHAS ERAM MUITO PERIGOSAS. UMA, A MAIS
PELUDA, QUE A GENTE PENSAVA QUE ERA A TARÂNTULU
—NÃO ERA. ERA A CARANGUEJEIRA. E A OUTRA
ERA A ARMADEIRA. A ARMADEIRA É A MAIS PER
SA. A ARANHA QUE A TULA TROUXE DO SITIO
VIVA ERA ARMADEIRA TAMBÉM.
NÓS VIMOS A "VIÚVA NEGRA" E A TARÂNTULA. TAMBÉM

NO FIM DE TUDO, DA VISITA, FOI QUE NÓS FIZEMOS
AS PERGUNTAS PARA O MOÇO DO BUTANTÃ:
    1 - A ARANHA PELUDA É A TARÂNTULA?
    2 - A OUTRA QUE NÃO É PELUDA, QUAL É O NOME?
    3 - É VERDADE QUE TEM ARANHA COM OITO
      OLHOS?
    4 - AS ARANHAS TEM UM LÍQUIDO FEITO "COLA" NA
      TEIA?
    5 - O MAIOR INIMIGO DA ARANHA É A VESPA?

NÃO DEU PARA O MOÇO RESPONDER TODAS AS
PERGUNTAS. FALTOU A ÚLTIMA. ELE FALOU QUE TEM
ALGUMAS QUE TÊM OITO OLHOS, SIM.

NÓS VIMOS TAMBÉM UM ESQUELETO BEM GRANDE DE
COBRA.

O MOÇO DO BUTANTÃ FALOU TAMBÉM QUE NÃO PODIA
POR A MÃO NO VIDRO.

FIM

A NAJA

NÓS LEMOS NO LIVRO HOJÉ UMA
ESTÓRIA DA NAJA.
ELA VEM DA INDIA. TEM 5.M, É
MUITO PERIGOSA.
NÓS MEDIMOS OS 5M. NA SALA, EM
DEU. FICAVA EMPATANDO A RODA
NO CHÃO.
MADALENA PERGUNTOU SE DAVA
NO CORREDOR DA ESCOLA - ELA
DAVA SIM.
QUANDO TODOMUNDO SAIU PARA
O PARQUE, AVANA E EMÍLIA PE-
DIRAM GIZ PARA DESENHAR
A NAJA NO CORREDOR. MADA.
LENA, (GRANDE) FALOU QUE TAMBÉM
QUERIA FAZER. ENTÃO ELAS
COMBINARAM QUE MADALENA
FAZIA A CABEÇA E ELAS FAZIAM
O CORPO ATÉ O RABO.
DEPOIS PINTAMOS TUDO COM GIZ
VERDE, E DEPOIS PASSAMOS
COLA POR CIMA.

FIM

31 de março de 1981.

"DONA COBRA MORTA"

O PAI DO ROGÉRIO, O JULIO, VEIO HOJÉ **AQUI NA** CLASSE PARA DISSECAR NOSSA COBRA.

ELE ABRIU A COBRA COM A TESOURA E DEPOIS ELE FOI PEGANDO A COBRA COM A PINÇA. FOI ABRINDO A BARRIGA DELA E AGENTE FOI VENDO TUDO POR DENTRO. TIROU O CORAÇÃO, O FIGADO, A ESPINHA, OVOS, O TUBO DA COMIDA, O PULMÃO... TUDO, TUDO. DEPOIS AGENTE oi PREGANDO A COBRA COM ALFINETE No ISOPOR, ELA FIcou estica DINHA, ENQUANTO O JULIO IA TIRAN DO TUDO DE DENTRO DA COBRA NÓS IAMOS PONDO NO VIDRO COM ALCOOL. DEPOIS NÓS ARRUMAMOS TODOS os vidrinhos NOMÉ LUGAR DE POR VIDROS DE LABORATORIO. DEPOIS JULIO TEVE QUE IR EMBORA E TODO MUNDO COMPRIMENTOU O JULIO DEU PARABENS PARA ELE.

FIM.

3 de abril de 1981.

"PAI DO ACAUÃ ou PÃO E EXPERIÊNCIA."

UM DIA O ACAUÃ TROUXE UM PÃO BEM GOSTOSO PARA
OLANCHE, E FALOU QUE TINHA SIDO O PAI DELE QUE
TINHA FEITO. DAÍ NÓS FIZEMOS UM BILHETE PARA
O GOGUI, PERGUNTANDO SE ELE PODIA MANDAR UM
PÃO PARA NÓS LANCHARMOS. TODO MUNDO. E NO
OUTRO DIA ACAUÃ TROUXE UM PÃO E TAMBEM UM
POTE DE REREJÃO PARA COMER COM O PÃO.
MADALENA COMBINOU COM AGENTE. QUE O PAI DO
ACAUÃ VINHA UM OIA FAZER PÃO PARA AGENTE
APRENDER COM ELE. TODO MUNDO TOPOU.
O FOGÃO ESTAVA QUEBRADO UM TEMPÃO E O GOGUI
DEMOROU PRA VIR ... MAS HOJE ELE VEIO.
ELE PASSOU O TEMPO TODO DA ESCOLA NA CLASSE
(ELE TAMBEM FOI NO PARQUE, BRINCAR UM POUCO
DE MONSTRO) COM AGENTE.
                    PRIMEIRO NÓS FOMOS FAZER O
                    PÃO.
                    GOGUI TROUXE UMA PANELONA
                    BEM GRANDE. E PRIMEIRO
                    POS 5 XÍCARAS DE ÁGUA, DEPOIS
                    3 COLHERES DE FERMENTO (QUE SE
                    CHAMA TAMBEM LEVEDO, QUE TEM OS

BICHINHOS) 3 COLHERES DE AÇÚCAR E DUAS DE SAL. MEXEU
TUDO BEM MEXIDO PARA DISSOLVER BEM E POS UM QUILO
DE FARINHA DE TRIGO (UM PACOTE TODINHO). MISTUROU
TUDO OUTRA VEZ E BOTOU TAMBEM UM POUCO DE
ÓLEO. NESSA HORA A MASSA AINDA ESTAVA
BEM MOLE E A TAMARA FALOU QUE PARECIA
UMA MELECA. ENQUANTO O GOGUI IA AMASSA
DO MADALENA IA PONDO A OUTRA FARINHA — A MAIS
ESCURA — A INTEGRAL, E DAÍ A MASSA FOI FICANDO
MAIS DURA.

DEPOIS TEVE QUE BATER BASTANTE A MASSA, O
GOGUI BATEU ATÉ NA NOSSA MÃO, COM A MASSA...
A MASSA FICOU DESCANSANDO UM TEMPO PARA
ELA PODER CRESCER. TEM UM JEITO QUE A GENTE
SABE QUANDO A MASSA ESTÁ BOA, SE JÁ CRESCEU.
A GENTE POÕE UMA BOLA DE MASSA NUM COPO COM
ÁGUA E QUANDO A BOLA SOBE, É PORQUE A MASSA
ESTÁ BÓA. ELA CRESCE E SOBE NO COPO COM
ÁGUA, PORQUE OS BICHINHOS DO LEVEDO SOLTA
UM GÁS E EMPURRA ELA PRÁ CIMA.

DEPOIS QUE A MASSA CRESCEU NÓS BATEMOS, AINDA, CADA DOIS, UM PEDAÇO. E DEPOIS COLOCAMOS A MASSA NAS LATAS.

CADA CLASSE GANHOU UM PÃO DE PRESENTE. TODO MUNDO GOSTOU MUITO, E VEIO ATÉ PEDIR MAIS. NÓS COMEMOS O NOSSO, NUM MINUTO! COM MARGARINA...

NÓS LEVAMOS UM PEDAÇO DE PÃO PRA MÃE E O PAI TAMBÉM.

O GOGUI TAMBÉM FÊZ UMA EXPERIÊNCIA COM OS BICHINHOS DO LEVEDO.

MISTUROU PRIMEIRO O LEVEDO NUM TUBO COM ÁGUA QUE FICOU CINZA DE TANTO BICHINHO QUE TINHA. SÓ QUE NINGUÉM VIA OS BICHINHOS PORQUE ELES SÃO MUITO PEQUENOS. SÓ DÁ PRA VER COM MICROSCÓPIO.

DAI ELE PEGOU UMA PIPETA E PEGOU UMAS GOTA DO TUBO QUE TINHA LEVEDO E PÔS NUM OUTRO TUBO COM ÁGUA. ESSE NÃO FICOU TÃO CINZA PORQUE TINHA MENOS BICHINHOS.

SÓ QUE ESSES BICHINHOS NÃO FAZEM MAL PRA GENTE. PORQUE TEM MICRÓBIO QUE FAZ MAL E MICRÓBIO QUE NÃO FÁZ MAL - QUE É BOM PRA BRIGAR COM OS QUE FÁZ MAL.

ENTÃO O GOGUI FEZ UMA EXPERIÊNCIA PARA MOSTRAR ONDE QUE TEM MICRÓBIO. A GENTE POS O DEDO NUMA PLACA QUE ELE TROUXE (PLACA DE PETRIK - FOI O HOMEM QUE DESCOBRIU), TAMBÉM PUSEMOS A MARCA DA MAÇANETA, DA NOSSA TOALHA DE LANCHE, DA MESA...

E TAMBÉM DEIXAMOS UMA PLACA ABERTA UNS

TEMPOS, NO AR... PARA VER SE TINHA MICROBIO
NA SEGUNDA-FEIRA, AS PLACAS ESTAVAM CHEIAS DE
MICROBIOS ! ! ! ,,, TINHA CRESCIDO UMAS BOLINHAS
DE TODOS OS TIPOS. TINHA ATE UMAS COR DE ROSA
E UMA PRETONA , E UMAS AZUIS.

NÓS DESCOBRIMOS QUE O BICHINHO DO LEVEDO
NÃO TEM PAI E MÃE ELE CRESCE E SE REPRODUS
ASSIM !

NÓS GOSTAMOS MUITO QUE O PAI DO
ACAUÃ VEIO TRABALHAR COM A GENTE.

FIM

6 de abril de 1981

"O PAI DO VADICO VEIO AQUI"

O PAI DO VADICO, O MOISÉS, VEIO CONVERSAR COM A GENTE DOS MICROBIOS QUE FÁZ MAL. QUE PORISSO O HOMEM INVENTOU A VACINA.

E TAMBÉM COMO QUE FÁZ O SORO - A VACINA - PARA QUANDO UMA PESSOA É MORDIDA POR UMA COBRA.

O SORO DA COBRA O HOMEM FÁZ ASSIM: TIRA PRIMEIRO O VENENO DA COBRA, IGUAL COMO A GENTE VIU NO BUTANTÃ, DEPOIS PÕE NUMA INJEÇÃO E DÁ UMA INJEÇÃO DESSE VENENO NO CAVALO. O VE-NENO DA COBRA DENTRO DO CAVALO VIRA O ANTI-VE-NENO: O QUE BRIGA COM O VENENO!

O HOMEM, DEPOIS DE ANTI-VENENO, LAVA DROS DE LABORA- QUANDO CHEGA DE COBRA NO JÁ ESTA PÕE NA INJE- DAR NA PESSOA

UNS DIAS TIRA O BEM E PÕE NOS VI-TORIO. E ENTÃO ALGUÉM MORDIDO BUTANTÃ O SORO PRONTO, E ELE EÃO E PODE

O ROGÉRIO, E COBAIMOS, QUE SÓ "PRA" ANDAR ELE É MUITO ZER SORO CONTRA ESCORPIÃO...

NÓS TODOS DES-CAVALO NÃO É DE CAVALO"!... LEGAL PRA FA-ARANHA, CONTRA

NÓS TAMBÉM CONVERSAMOS DOS BICHOS QUE FAZEM DOS MICRÓBIOS

MAL PARA NÓS. QUE UM GEITO DE NÃO DEIXAR ESSE MICRÓBIOS ENTRAR NO NOSSO CORPO, E SER MAIS FORTE QUE A GENTE, É COMER BEM. QUE QUANDO NÓS ESTAMOS COM NOSSO CORPO FORTE, NÓS GANHAMOS A LUTA COM ELES.

E SABE COMO FÁZ A VACINA QUE PROTEGE A GENTE DAS DOENÇAS? O HOMEM ISOLA O MICRÓBIO RUIM (— IGUAL O VADICO QUE FOI TIRAR O BICHINHO DO NARIZ PRA SABER QUE BICHINHO QUE ERA —) E PÕE ELE NUMA PLACA COM COMIDA (— IGUAL NÓS FIZEMOS COMO GOGUI COM O BICHINHO DO LEVEDO —) DAÍ O BICHINHO VAI COMENDO E VAI CRESCENDO (— DAQUELE GEITO QUE O GOGUI FALOU QUE OS MICRÓBIOS CRESCEM) E VAI FICANDO CADA VEZ MAIS FRACO... CADA VEZ MENOS RUIM PRA GENTE.
ENTÃO O HOMEM ISOLA ESSE MICRÓBIO, QUE FICOU MENOS RUIM, OUTRA VEZ EM OUTRA PLACA E DÁ MAIS COMIDA PRA ELE OUTRA VEZ.
E ELE VAI FICANDO MAIS FRACO AINDA
DEPOIS DE UM TEMPO O HOMEM TIRA DA PLACA COM UMA INJEÇÃO O ANTI-MICRÓBIO QUE VIROU ENTÃO A VACINA.

NO FIM NÓS AGRADECEMOS AO MOISÉS E DEMOS TCHAU PRA ELE.
NÓS ACHAMOS "LEGAL" A CONVERSA COM O MOISÉS...

FIM

10 de abril de 1981—DANI.

"VISITA À CASA DA AVANA"

NÓS RECEBEMOS UM CONVITE DA AVANA PARA LANCHAR-
MOS NA CASA DELA...
A ZELIA, A MÃE DA AVANA TEVE A IDEÍA DE FAZER
UMAS FICHAS COM DESENHO DAS COISAS QUE TINHA PE-
LO CAMINHO.
NÓS FOMOS SEGUINDO AS PISTAS PARA ENCONTRAR
A CASA DA AVANA. NÓS FOMOS A PÉ, PORQUE
ACASA DA AVANA FICA PERTO DA ESCOLA.
NO BAIRRO DA VILA MADALENA.
ALAÍDE, A MOÇA AMIGA DA AVANA, QUE TRABALHA
NA CASA DELA, VEIO PARA A ESCOLA, PARA PODER
IR COM A GENTE A PÉ.
NÓS ENCONTRAMOS MUITAS COISAS PELO CAMINHO:

11

_ TEVE UM CARRO QUE DEU UMA BRECADA BEM EMCIMA DÁGEN_
TE!... NÓS TOMAMOS AQUELE SUSTO!
_ NÓS DESCOBRIMOS MUITAS PLACAS NO CHÃO! ERA DOS
GÁS, DA TELESP, DE VÁLVULA DE INCENDIO.
_ TAMBÉM TINHA UMA QUITANDA NO CAMINHO, E NÓS PARAMOS
E PEDIMOS BANANA DE GRAÇA! AO MOÇO, E ELE DEU!!
_ NÓS VIMOS ONDE FICA O BALET DA AVANA...
_ TINHA UM RIO POLUIDO E FEDORENTO NAQUELA RUA
ESTREITA, QUE SÓ CABIA DOIS NA CALÇADA ANDANDO,
_ NÓS PASSAMOS POR UM BICICLETEIRO E UMA BORRA-
CHARIA - (TAMBÉM TEVE UMA BANCA DE JOR-
NAL QUE FICA BEM PERTINHO DA ESCOLA!)
_ QUANDO NÓS CHEGAMOS NUM POSTO DE GASOLINA, NÓS
ATRAVESSAMOS A RUA E CHEGOU NA CASA DA AVANA!

NÓS BRINCAMOS COM AS BICICLETAS DA AVANA, VIMOS A
CASA DELA E DESCOBRIMOS QUE MAURICIO CAETANO
MORA BEM PERTINHO DA AVANA !!! É VIZINHO, QUASE.
TULA E MAURICIO PEGOU O TELEFONE DELE E
CONVERSARAM COM ELE.

TEVE UM LANCHE COM UM BOLO DE CHOCOLATE DELI-
CIOSO, QUE ALAIDE, QUEM FÊZ E TAMBÉM TEVE
GELATINA COLORIDA. ALAIDE E AVANA É QUEM
SERVIRAM TUDO NA RODA ...
DEPOIS NÓS BRINCAMOS MAIS UM POUCO E VOLTAMOS
DE CARRO, MADALENA QUEM VGIO DIRIGINDO, PARA
A ESCOLA,

FIM

13- Abril de 1981.

"BORBOLETA BONITA" ou
"O LINDO CASULO QUE VAI VIRAR
UMA LINDA BORBOLETA."

HOJÉ, QUANDO NÓS CHEGAMOS NA
CLASSE, E SENTAMOS NA RODA TIVEMOS UMA
SURPRESA! A LAGARTA QUE ESTAVA
NO NOSSO VASO DE SAMAMBAIAS TINHA
VIRADO CASULO!!!
ENTÃO FOI A MAIOR FESTA NA CLASSE!
TODO MUNDO GRITANDO: EH! EH! EH!...E
ABRAÇADO COM OS AMIGOS...

NÓS NÃO SABEMOS SE FOI A LAGARTA
DA JUJA, OU OA EMÍLIA, OU DA IL
QUE VIROU ESSE CASULO.

28 de abril.

HOJE EMÍLIA   DESCOBRIL
QUE NOSSO   CASULO
VIROU BORBOLETA!   NÓS DE -
CIDIMOS SOLTAR   A BORBOLETA
NO PARQUE...   TODO
MUNDO, DE   TODAS AS
CLASSES, FOI   COM AGENTE
SOLTAR ELA A   BORBOLETA...,

VADICO

ELA SAIU VOANDO TODA ALEGRE E
FELIZ!...

- ELA FICOU NO CASULO 16 DIAS!"
- NÃO... PRECISOU 16 DIAS PARA A LAGARTA! DENTRO DO CASULO SE TRASFORMAI

15 avril de 1981

"RICARDO."

MAURICIO

O TIO DO MAURÍCIO VEIO HOJE AQUI NA NOSSA CLASSE. ELE VEIO PARA DISSECAR NOSSA POMBA. O NOME DELE É RICARDO.

ELE TROUXE UM ESQUELETO DE MACACO E TAMBÉM UM OUTRO DE UM PÁSSARO.

O RICARDO FOI ABRINDO PRIMEIRO O PEITO DA POMBA. NÓS VIMOS O "TUBO DE AR" E DEPOIS, ATRÁS TINHA O TUBO DIGESTIVO. QUE ERA BEM GRANDÃO... TINHA O FÍGADO. A VANA FOI QUEM VIU PRIMEIRO! DEPOIS O CORAÇÃO, QUE É MAIOR, QUE O DA COBRA! (JÁ PENSOU QUE TAMANHO SERÁ O DA GENTE?!) NÓS DESCOBRIMOS, QUE NOSSA POMBA ERA MACHO, PORQUE TINHA "SACO". SE FOSSE FEMEA TINHA OVÁRIO, O LUGAR DE GUADAR OS OVOS.

O RICARDO TAMBÉM TROUXE UM BISTURI. MUITO AFIADO E PERIGOSO...

DEPOIS QUE NÓS VIMOS TUDO DA POMBA (TEVE MUITA COISA: TEVE POR ONDE SAI O COCÔ, QUE NA POMBA E NA GALINHA, E NOS PASSARINHOS COCÔ E XIXI SAI TUDO PELO MESMO BURACO!) NÓS FOMOS MONTAR COM RICARDO A "MULHER VISÍVEL" QUE TINHA UM NENEM NA BARRIGA.

NÓS VIMOS TODAS AS PARTES DO NOSSO CORPO: ESQUELETO, TUBO DIGESTIVO, CORAÇÃO, INTESTINO. O TUBO DO COCÔ, O PULMÃO, OS PEITOS (QUE NA MULHER TEM MAMA QUE FÁZ O LEITE PARA O NENEM MAMAR) DA MULHER E O NENEM DENTRO DA BARRIGA.

ACAUÃ

⟶

BORBOLETA ... -FIM-

FOI DIFICIL ATÉ ~~PARA~~ PARA RICARDO MONTAR...

O RICARDO LANCHOU CONOSCO, ELE GANHOU MUITOS
PRESENTES DE LANCHE.
DEPOIS TEVE AS DESPEDIDAS, E ELE FOI
EMBORA...
O QUE NÓS MAIS GOSTAMOS DESSE DIA FOI
DE MONTAR A MULHER VISIVEL, DO ESQUELETO
DO MERGULHÃO, OO TUBO DE AR E DO ESQUE-
LETO DE MACACO.

FIM.

P.S. - 28 de abril
RECEBEMOS HOJE UMA CARTA DO RICARDO!!!.
É MUITO BOM RECEBER CARTA...

P.S. - 30 de abril
DECIDIMOS MANDAR NOSSO
RELATÓRIO PARA O RICARDO, POIS ELE TAMBÉM
TEM UMA PARTE DELE NO RELATÓRIO.

22 abril de 1981

"O OVO DE BARRO, E O OVO DE GESSO"

MADALENA TROUXE UM MOLDE DE UM OVO BEM GRANDE.
E ELA TEVE A IDEIA DE FAZER UM OVÃO DE BARRO,
NÓS ENCHEMOS DE BARRO O MOLDE E DEIXAMOS
AS DUAS BANDAS DO OVO, SEM JUNTAR, PARA SECAR,
NO OUTRO DIA A TULA TROUXE, TAMBÉM, UM MOLDE,
O FILHINHO, PEQUENO DE OVO E ENTÃO NÓS FIZEMOS
UM OVO DE GESSO! NO MESMO DIA NÓS FIZEMOS
AS BALAS -(DE PAPEL ALUMINIO) E EMBRULHAMOS COM
PAPEL CREPOM E COLOCAMOS DENTRO DO OVO.
DEPOIS EMBRULHAMOS O OVO COM PAPEL CREPOM,
TAMARA NO OUTRO DIA TROUXE UM PAPEL PARA
EMBRULHAR NOSSO OVÃO - (ERA PAPEL DE OVO DE PÁSCOA.)
MADALENA LEVOU O OVÃO PARA SECAR NA CASA DELA
E HOJÉ ELA TROUXE ELE DE VOLTA.

FIM

"O ARCO-IRIS, COLORIDO E LINDO..."

TINHA UM PASSARINHO DE VIDRO, QUE MADALENA TROUXE, PARA PENDURAR NA CLASSE, DAI ELA PERGUNTOU, PARA TODO MUNDO ONDE QUE ERA PARA PENDURAR. TODO MUNDO FICOU PENSANDO E ELA FALOU ONDE QUE ESTAVA PENSANDO PENDURAR :- NO ARCO DA PA-REDE DA NOSSA SALA.
ENTÃO NINGUEM SABIA O QUE ERA ARCO E MADA-LENA MOSTROU, PASSANDO A MÃO, O QUE ERA.
VADICO, NESSA HORA FALOU: AH!...AINDA BEM! NÃO PORQUE EU PENSEI QUE VOCE QUERIA PENDU-RAR NO ARCO-IRIS!...,
E MADALENA FALOU : - VADICO DEU UMA BOA-IDEIA ..., QUEM TOPA FAZER UM ARCO-IRIS NESSE ARCO???!!!
TODO MUNDO TOPOU, E NÓS COMBINAMOS DE FAZER DEPOIS DO PARQUE. NÓS FIZEMOS COM GIZ, TODO MUNDO TEVE QUE SUBIR EMCIMA DA MESA PARA PODE

ALCANSAR LÁ EM CIMA... TEVE ATÉ QUE POR UMA
CADEIRA EM CIMA DA MESA, PARA PINTAR A CHU
VA.
   AINDA VAI TER MUITA COISA PARA FAZER NO CÉU,
VAI TER PASSARINHO, BORBOLETA, RELÂMPAGO...

25 de abril.
           HOJE NÓS CONTINUAMOS O TRABALHO NO
ARCO ÍRIS. TEM MUITA COISA PARA RECORTAR; TEM
ATÉ UM AVIÃO E UM RAIO!
   NÓS PENDURAMOS AS BORBOLETAS E UM PASSARINHO.
QUANDO FAZ VENTO PELA JANELA, DA NOSSA SALA, TODAS
AS BORBOLETAS BALANÇAM COMO NUMA DANÇA...
O ARCO-IRIS FOI O QUE NÓS MAIS GOSTAMOS DE
FAZER ATÉ AGORA...

           FIM.
           17 cm

28 de maio de 1981.

"FELIPE E FELIPA"

MADALENA TINHA~~COM~~ COMBINADO DE TRAZER, HOJÉ, UM CASAL DE COELHO PARA NOSSA CLASSE. ACONTECEU QUE QUANDO ELA FOI NO MERCADO DE PINHEIROS COMPRAR, NÃO TINHA NENHUM. ENTÃO ELA COMPROU DOIS PERIQUITOS.

NÓS FIZEMOS UMA VOTAÇÃO PARA SABER QUE NOME NÓS IAMOS DAR PARA ELES, E GANHOU FELIPE, PARA O MACHO, E FELIPA PARA A FÉMEA.

O MOÇO QUE VENDEU OS ~~PERITOS~~ PERIQUITOS, EXPLICOU PARA MADALENA, QUAL ERA A DIFERENÇA ENTRE O MACHO E A FÉMEA.

O MACHO TEM BICO, ESCURO, EM VOLTA DO NARIZ, E A FEMEA TEM BICO CLARO, EM VOLTA DO NARIZ.

FIM.

5 de maio de 1981.

"O PASSARINHO BONITO   OU   MIMI."

NÓS GANHAMOS UM PRESENTE HOJE... QUEM DEU FOI O
MAURICIO!
ELE FOI COMPRAR UM COELHO, TAMBEM
IGUAL QUE A MADALENA, E NÃO TINHA. DAI
ELE COMPROU UM CANARIO. O PAI DELE
NÃO QUERIA, MAS ELE INSISTIU, INSISTIU
QUE DAI ELE TEVE QUE COMPRAR,
MADALENA FALOU QUE O MIMI VAI FICAR
NA ESCOLA ATÉ O FIM DO ANO, E DEPOIS
O MAURICIO LEVA PARA A CASA DELE,
ELE AINDA É MUITO NOVINHO E NÃO CANTA.
AINDA VAI APRENDER,
O MOÇO QUE VENDEU, ENSINOU TUDO PARA
O MAU, COMO QUE CUIDA
DO MIMI.
NÃO PODE DAR ALFACE,
TEM QUE POR ELE NO SOL,
PARA ELE PODER TOMAR
BANHO,

FIM.

5 de maio de 1781.

"O SOL QUE BRILHAVA ou O SOL QUENTE."

"NÓS ESTAVAMOS CONVERSANDO NA RODA SOBRE ONDE ÍAMOS PENDURAR O MIMI, E ENTÃO TIVEMOS A IDEIA DE PENDURA-LO NO ARCO-IRIS.(MAS MADALENA EXPLICOU QUE NÃO ERA UM LUGAR ADEQUADO PORQUE A GAIOLA IA FICAR BALANÇANDO E O MIMI SE ASSUSTAVA.) ENTÃO A JUJA TEVE A IDEIA DA'GENTE FAZER UM SOL E PENDURAR ELE NO SOL. COM ESSA IDEIA DA JUJA O MAURICIO TEVE OUTRA, O ROGÉRIO TAMBÉM TEVE A MESMA IDEIA AO MESMO TEMPO!!) DE FAZERMOS UM CÉU NA NOSSA SALA ! COM UM SOL! MADALENA TROUXE UM 'PANO BEM FININHO E NÓS COMEÇAMOS A COMBINAR COMO IA SER O CÉU. DISCUTIMOS BASTANTE SE O CÉU IA SER TODO AZUL OU TODO BRANCO COM NUVENS AZUIS, MAS ENTÃO FOMOS ATÉ A JANELA PARA OLHARMOS COMO ERA, MESMO, O CÉU. ENTÃO CHE-GAMOS A CONCLUSÃO: O CÉU SERIA TODO AZUL COM NUVENS BRANCAS.
TODO MUNDO TRABALHOU MUITO ATÉ ACABARMOS TODO O CÉU, MAS VALEU A PENA, PORQUE ELE FICOU BONITO. BONITO NÃO, FICOU LINDO. LINDÍSSIMO!!!... FIM.

6 de maio de 1981.

"A VISITA AO DENTISTA" OU SÔNIA"

HOJE FOI UM DIA MUITO, ~~MUITO~~ MUITO, LEGAL E
MARAVILHOSO, MESMO. NÓS FOMOS AO DENTISTA. O NO
ME DELA É SÔNIA. O CONSULTORIO DELA É NA CIDA-
DE. NÓS FOMOS DE PERUA COM MADALENA E ALAI-
DE.

PELO CAMINHO NÓS PASSAMOS PERTO DA RUA DO

VADICO, POR UMA RUA CHAMADA RUA DA CONSOLAÇÃO,
ONDE TINHA UM POSTO DE BOMBEIRO. VIMOS TAMBÉM
TRÊS CEMITERIOS PELO CAMINHO.

QUANDO CHEGAMOS NO PREDIO DO CONSULTORIO DA
SÔNIA, ESPERAMOS O ELEVADOR, PROCURAMOS NO QUA-
DRO ONDE TINHA O NOME DE TODOS OS MÉDICOS O NOME
DELA, E DESCOBRIMOS QUE O CONSULTORIO FICAVA NO
5º ANDAR.

A PRIMEIRA COISA QUE NÓS FIZEMOS LÁ FOI
SENTAR NA "CADEIRA DE DENTISTA". CADA UM TEVE A
SUA VEZ. CADA UM FAZIA SUAS PERGUNTAS SOBRE OS
DENTES PARA A SONIA, E ELA IA MOSTRANDO PARA
CADA UM ONDE FICAVA CADA DENTE D'AGENTE.

QUAL QUE AINDA IA CAIR E O
QUE JÁ ESTAVA QUASE NASCENDO.
DEPOIS QUE TODO MUNDO
SENTOU NA CADEIRA, SONIA
PEGOU UMA DENTADURA DE GESSO
E PEDIU PARA CADA UM ESCOVAR
OS DENTES DA DENTADURA,

DEPOIS ELA DEU UMA PASTILHA VERMELHA PARA CADA
UM MASTIGAR SEM ENGOLIR... NOSSA BOCA FICOU
— INTEIRINHA, BEM VERMELHA, PARECENDO BATOM E
SANGUE. ENTÃO ELA DEU DE PRESENTE UMA ESCO-
VA PRA NÓS E CADA UM FOI ESCOVANDO OS DENTES
COMO ELA ENSINOU : A ESCOVA VAI VARRENDO
IGUAL VASSOURA OS DENTES, DE CIMA PARA BAIXO
E DE BAIXO PARA CIMA.
    QUANDO ACABAMOS DE ESCOVAR OS
DENTES NÓS MOSTRAMOS NOSSO LIVRO (ESSE MESMO)
PARA SONIA, E DEMOS NOSSO RELATORIO DE
PRESENTE PARA ELA.
    ACAUÃ PROMETEU QUE IA LEVAR UM PÃO QUE O
GOGUI FEZ, DE PRESENTE PARA SONIA.

    NÓS GOSTAMOS MUITO DE IR CONVERSAR
COM A SONIA PORQUE NÓS APRENDEMOS COMO
QUE ESCOVA O DENTE, QUE AINDA VAI CAIR. UM
MONTÃO DE DENTE...

            FIM.

7 de maio de 1981

"FILME DOS ANIMAIS".

A MÃE DA TULA, TROUXE O AMIGO DELA, O DAN PARA PASSAR PARA NÓS UNS FILMES DE BICHOS. TEVE 5 FILMES, UM DE BARATA, UM DE PINTINHO, UM DE MINHOCA, UM DE PLANTA CARNIVORA E UM DE BORBOLETA.

TEVE MUITA COISA QUE A GENTE JÁ SABIA E OUTRAS QUE NÓS DESCOBRIMOS. NÓS NÃO SABÍAMOS QUE A BARATA MUDAVA DE CASCA COMO A COBRA E QUE ELA BOTAVA OS OVOS TUDO JUNTINHO, COMO NUM CASULO.

NÓS VIMOS TAMBÉM QUAL A DIFERENÇA DA BARATA MACHO PARA A FÊMEA. A FÊMEA TEM UMAS ASAS GRANDES PARA PODER FICAR BATENDO E SOLTANDO UM CHEIRINHO, PARA O MACHO VIR ATRÁS DELA. NÓS VIMOS TAMBÉM A MINHOCA, MACHO E FÊMEA CRUZANDO.

O DAN É MUITO LEGAL SÓ QUE ELE CHAMA A MADALENA DE TIA!... E POR ACASO MADALENA É NOSSA TIA? ELA É IRMÃ DA MÃE D'A GENTE?

FIM.

8 de maio de 1981.

`A CASA DA MADÁ`.

HOJE NÓS FOMOS NA CASA DA MADÁ.

FOI O MESMO CAMINHO DA CASA DA AVANA.

NÓS PASSAMOS PELO QUITANDEIRO E LEVAMOS PRESENTE PARA ELE. DESCOBRIMOS QUAL O NOME DELE: JOSÉ LUÍS. ELE FICOU MUITO CONTENTE COM OS PRESENTES, E DEU OUTRA VEZ MAIS BANANAS DE PRESENTE, DE GRAÇA PARA NÓS!... NUNCA QUE VAI ACABAR! ELE DÁ PRESENTE DE BANANA A GENTE DÁ UM PRESENTE DE VOLTA, ELE DÁ MAIS BANANA...

QUANDO CHEGAMOS NA CASA DA MADÁ, TINHA UM LANCHE MUITO GOSTOSO! QUE A FÊZ. FANTA, BOLO, GELATINA E SORVETE! NÓS FOMOS E VOLTAMOS A PÉ! NA CASA DA MADÁ NÓS 'BRINCAMOS 'COM A BICICLETA E DE UMA BRINCADEIRA DE BARCO QUE AFUNDOU E TODO MUNDO SAÍA NADANDO.

FOI MUITO GOSTOSO IR NA CASA DA MADÁ. NÓS ACHAMOS UMA BARATA VIVA LÁ E VAMOS CRIAR.

FIM.

13 de maio de 1981.

"A CADEIRA VERMELHA DO PRÉ."

NÓS FOMOS NA CASA DA EMÍLIA PARA O PAÍ
DELA - O URACI - ENSINAR COMO FÁZ UMA CADEIRA
DE BALANÇO.
NO CAMINHO DA CASA DA EMÍLIA TINHA UMA LADEI-
RONA BEM GRANDE.   NÓS VIMOS UMA LOJA DE
CONSERTAR TELEVISÃO, UM SAPATEIRO - O NOME DA
MOÇA QUE ATENDE AS PESSOAS É TEREZINHA E O
NOME DO SAPATEIRO, É DANIEL. TINHA UMA LOJA DE
FERRAGENS, UMA QUITANDA, UM CABELEREIRO - QUE
O NOME DELE É AZEVEDO (E O RÔ FÊZ GRAÇA, BO-
TANDO OS CABELOS QUE ESTAVA CORTADO EM CIMA
DA CABEÇA DELE...) UMA PADARIA, UM JORNALEIRO,
E UMA PAPELARIA.
NÓS FICAMOS, TODO MUNDO, VENDO O URACI TRABALHAR
NA MESA DE MARCENÁRIA QUE ELE TEM. QUANDO FOI
LIGAR A SERRA CIRCULAR, NÓS FICAMOS, ASSISTIN-
DO NA ESCADA, PORQUE A SERRA É MUITO PERIGOSA.
DEPOIS NÓS FOMOS LANCHAR - UM LANCHE MUITO GOS-

TOSO – BOLO · PIPOCA, COCA-COLA E GELATINA.
O JOÃO INVENTOU DE COMER GELATINA COM PIPO-
CA!
DEPOIS DO LANCHE, NÓS BRINCAMOS UM POUCO E
DEPOIS FOMOS LICHAR AS PARTES DA CADEIRA, QUE
URACI JÁ TINHA SERRADO. O JOÃO AJUDOU BAS-
TANTE E TAMARA QUERIA FAZER UM CAIXOTE PARA
PLANTAR AS SEMENTES QUE MADALENA MANDOU PARA
ELA.
QUANDO A CADEIRA FICOU PRONTA, NÓS GANHA-
MOS UNS PEDAÇOS DE MADEIRA QUE URACÍ
DEU. DEMOS TCHAU PARA URACI E VOLTA-
MOS A PÉ, OUTRA VEZ!...
NA IDA A MARIA E A ROSALIA VEIO PARA
AJUDAR E NA VOLTA FOI REJINA – A MÃE
DA EMILIA, QUE VEIO JUNTO COM A ROSALIA.

NO CAMINHO NÓS ENCONTRAMOS COM O PAI
DO JOÃO. O ACAUÃ QUERIA VOLTAR DE
MOTO, MAS MADALENA NÃO DEIXOU.

TAMBÉM ENCONTRAMOS NO CAMINHO UM MENINO E
UMA MENINA (QUE ERAM PRETOS) E O NOME DE-
LES ERA JOSÉ CARLOS E LUZIA.
MADALENA FICOU BRAVA PORQUE NÓS CHAMAMOS
ELES DE 'MOLEQUE'. ELA FALOU QUE ELES TINHAM
NOME E POR ISSO NÓS FOMOS PERGUNTAR O NOME
DELES.

NÓS GOSTAMOS MUITO DE IR NA CASA DA
EMILIA!
* ESQUECEMOS DE FALAR QUE INVENTAMOS UM
QUEBRA-CABEÇA, LÁ TAMBEM.

FIM,

19

15 de maio de 1981.

"FOTOGRAFIA DE SALA."

O TUCHA VEIO TIRAR FOTOGRAFIAS
DA NOSSA SALA HOJE. E DE NÓS
TAMBÉM.
ELE TROUXE MUITAS LUZES PARA
ILUMINAR A SALA; PORQUE SENÃO
A FOTO NÃO SAI CLARA, ESCURECE
SE NÃO TIVER LUZ.
O MELHOR MESMO É QUANDO TEM MUITO
SOL.
O TUCHA EXPLICOU QUE O FILME
É FEITO DE UM TIPO DE GELATINA.

FIM.

16 de maio de 1981.

"O VULCÃO"

ACAUÃ TROUXE UM LIVRO DE VULCÃO PARA CLASSE
DEPOIS JOÃO ESTAVA FAZENDO UM VULCÃO NA AREIA.
DEPOIS O MAURICIO VEIO AJUDAR E O ROGÉRIO VEIO
TAMBÉM.
MADALENA VEIO E FALOU; –QUE TAL POR FOGO
NESSE VULCÃO? E VEIO TODO MUNDO VER O FOGO,
AFASTADO DO FOGO. E O VULCÃO DEPOIS VIROU
UMA FOGUEIRA.
DEPOIS JOGAMOS AREIA PARA APAGAR O FOGO,

E MADALENA FALOU: _ VAMOS FAZER UM VULCÃO DE
BARRO?

Todos os homens do pré Quiz fazer o vulcão,
PEGARAM PREGO E COMEÇARAM A FAZER BURACO
NO VULCÃO. NA HORA DA SAIDA, QUANDO SÓ O
ROGÉRIO E O JOÃO FICARAM, O JOÃO APROVEITOU
OS OUTROS PEDAÇOS DE BARRO. ELE FOI ENROLAN
DO O BARRO E FAZENDO AS LARVAS. DEPOIS
QUANDO SÓ O ROGÉRIO E O ERNESTINHO FICOU RO-
GÉRIO APROVEITOU ALGUNS PREGOS JOGADOS NO
CHÃO E FEZ UMAS ÁRVORES.

QUANDO SECOU O VULCÃO, FOMOS PINTAR, PINTA
MOS AS LARVAS

O DANI DISSE PARA PINTAR O VULCÃO PRIMEI-
RO, ROGÉRIO NEM LIGOU FICOU PINTANDO AS
LARVAS.

QUANDO A TINTA SECOU, MADALENA, ANTES DO
LANCHE, FALOU QUE NÓS ÍAMOS ~~COMEMORAR~~
POR FOGO NO VULCÃO. E DEPOIS NÓS COME-
MOS GELATINA FRIA, PERTO DO FOGO DO VULCÃO
PARA COMEMORAR . . . ,

                    FIM,

São Paulo de maio de 1981.

"NOSSO JORNAL" "EXTRA, EXTRA."!

O ROGÉRIO, UM DIA TROUXE UM JORNAL QUE ELE MESMO TINHA INVENTADO.

O NOME DO JORNAL ERA "PÁSCOA". ELE CONTAVA ALGUMAS NOTÍCIAS.

POR CAUSA DO JORNAL DO RÔ NÓS TIVEMOS A IDEIA DE FAZER UM JORNAL DO PRÉ, CONTANDO NOSSAS NOTÍCIAS.

CADA UM FEZ SUA NOTÍCIA, CONTANDO O QUE QUERIA.

DEPOIS QUE FICOU PRONTO NÓS LEVAMOS UM JORNAL PARA O PAI E A MÃE.

FIM

São Paulo 3 de junho de 1981.

O TEATRO : "O ZORRO".
        "O VIVA O GORDO: BOA FRANCINEIDE,"
        "O REIZINHO, O GELEIA, MADALENA,"
        "O GUARDA ESPACIAL".

HOJE TEVE UM TEATRO MUITO GOZADO NA
NOSSA CLASSE!
NÓS FIZEMOS UM TEATRO DE VIVA O
GORDO. ROGÉRIO FOI O PERSONAGEM QUE
TELEFONA PARA MADALENA! DANI FOI O
REIZINHO, JUJA FOI A BOA FRANCINEIDE.
OS GUARDAS ESPACIAIS FORAM O MAU, O ACAUÃ
JOÃO E VADICO.
FOI MUITO BACANA NOSSO TEATRO MAS FALTOU
CORTINA ...

                FIM.

São Paulo 4 de junho.

"PALAVRAS MUITAS PALAVRAS",
"É NOSSO JOGRAL.

PEDRO
PEREIRA
PINTO
POBRE
PINTOR
PORTUGUÊS
PINTAVA
PORTAS
PAREDES
PONTES
PAINÉIS
COM SEUS PINCÉIS...

O TEMPO PERGUNTOU AO TEMPO
QUANTO TEMPO O TEMPO TEM.
O TEMPO RESPONDEU AO TEMPO
QUE O TEMPO TEM TANTO TEMPO
QUANTO TEMPO
O TEMPO
TEM.

O QUE É
O QUE É
COMEÇA COM Q
ACABA COM É
É A VOZ DO PATO
QUÉ-RE-QUÉ-QUÉ...

I

O RATO
ROEU
A RODA
DO CARRO
DO REI
DA RUSSIA

II

O RATO
ROEU
A ROUPA E
A RODA
DO CARRO
DO REI
DA RUSSIA.

VADICO TROUXE ESSE LIVRO, ONDE TINHA TODOS ESSES VERSOS. COMEÇAMOS A DECORAR, DECORAR...E ENTÃO MADALENA CONTOU QUE TEM UM GEITO DE LER VERSOS, TODO MUNDO JUNTO CHAMADO JOGRAL. E ASSIM NÓS INVENTAMOS "NOSSO JOGRAL!

FIM.

16 - junho.

HOJÉ NÓS GRAVAMOS "NOSSO JOGRAL". FICOU LEGAL.

FIM.

São Paulo 5 de junho.

"A ARCA DE NOÉ" E NOSSO CORAL.

O ROGÉRIO TROUXE UM LIVRO CHAMADO "A ARCA DE NOÉ". O AUTOR É: VINICIUS DEMORAES. ELE JÁ MORREU.

NÓS JÁ SABIAMOS ~~uma~~ MUITAS MÚSICAS DO DISCO "A ARCA DE NOÉ" E ENTÃO JÁ QUE ROGÉRIO TROUXE O LIVRO COM OS VERSOS ESCRITOS, NÓS COMEÇAMOS A CANTAR AS MÚSICAS.

COMBINAMOS DE CANTAR TODOS OS DIAS ‑ TRÉS VEZES ‑ NA RODA.

NÓS ESTAMOS ENSAIANDO SEMPRE.

ESSE GEITO DE CANTAR, TODO MUNDO JUNTO CHAMASE CORAL.

FIM.

16 de junho.

HOJÉ NÓS GRAVAMOS 'NOSSO CORAL'.
FICOU MUITO BONITO.

FIM.

São Paulo   23 de junho.

"O PLANETÁRIO".

NÓS FOMOS AO PLANETÁRIO PORQUE ESTAMOS ESTUDANDO
PLANETAS, SOL, LUA E ESTRELAS.
TIVEMOS QUE TROCAR NOSSO HORÁRIO DA ESCOLA, EM
VÊZ DE VIRMOS A TARDE VIEMOS PELA MANHÃ.
CHEGAMOS BEM CEDINHO E FOMOS DE PERUA.
O PLANETÁRIO É MUITO BONITO. PARECE QUE
A GENTE ESTA SOLTO NO CÉU FAZENDO UMA VIA-
GEM. E NÓS FIZEMOS MESMO. CLARO QUE FOI DE
BRINCADEIRA!... PARA O POLO NORTE!
NÓS VIMOS JUPITER, SATURNO, E MUITAS ESTRELAS COM
UNS NOMES MUITO DIFICIL. DESCOBRIMOS QUE JUPITER
NÃO TEM SÓ 12 SATÉLITES, ELE TEM 14 SATELITES!
FIM.

20 de agosto de 1981

A FUGA DA LILI

HOJÉ QUANDO CHEGAMOS NA CLASSE VADICO NOTOU QUE A LILI TINHA FUGIDO.
VADICO FOI AVISAR PARA TODO MUNDO. FICAMOS MUITO TRISTES RECONHECEMOS QUE FOI A LILI QUE FUGIU E NÃO O MIMI PORRQUE A LILI TINHA UM ANEL NO PÉ,

AGORA O MIMI FICOU SOZINHO.

FIM.

P·S· DESCOBRIMOS QUE FOI O GATO DO VIZINHO QUE ASSUSTOU A LILI...

18 de agosto de 1981.

CACHIMBO DA PÁZ.

UM DIA O JOÃO TROUXE PARA A
CLASSE UMA XÍCARA DE CHÁ. TODO
MUNDO ENTÃO FICOU PEDINDO UM GOLE E MADA-
LENA TEVE UMA IDÉIA D'AGENTE TODO DIA —
FAZERMOS COMO OS ÍNDIOS, QUE FUMAM O
CACHIMBO DA PAZ, COM OS AMIGOS. BEBER-
MOS O CHÁ, TODOS NÓS, AMIGOS, JUNTOS. ANTES
DE COMEÇARMOS A RODA.
E DESDE ESSE DIA, NÓS NUMCA MAIS
NOS ESQUECEMOS DE TODO O DIA TRAZERMOS
O CACHIMBO DA PÁZ PARA A RODA.

FIM.

São Paulo, 24 de agosto de 1981.

NÓS DESCOBRIMOS QUE SAIMOS NO JORNAL.
TODO MUNDO **FEZ** AQUELA GRITARIA QUANDO VIU O JORNAL.

TAMBÉM SAIU O PÉU
IRMÃO DA AVANA.

OS MENINOS FICARAM
CHATEADOS, PORQUE
SÓ SAIU O VADICO NA
FOTOGRAFIA.

FIM.

Descobrindo e aprendendo

23-8-81

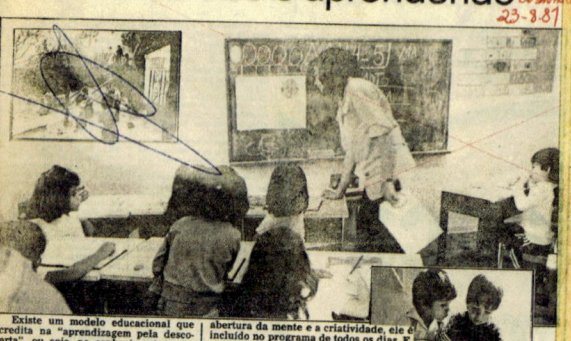

Existe um modelo educacional que acredita na "aprendizagem pela descoberta", ou seja, no conhecimento como algo a ser construído, conquistado, e não doado ou transmitido. E esse é o princípio que segue a Escola da Vila — Pré-Escola e Centro de Estudos —, que aceita crianças de dois a seis anos. Tem cinco classes, para as várias faixas etárias. Realiza um trabalho especial, procurando desenvolver toda a capacidade de aluno. Preocupa-se com sua autonomia, socialização e criatividade. Acredita, também, que educar é oferecer condições para que as crianças sejam pessoas originais, capazes de questionar a realidade e de transformá-la, tornando-se elementos produtivos do grupo social. Dá ênfase ao trabalho criativo não só dos alunos como também dos professores.

O princípio básico é o de que só a motivação pode levar a criança a aprender através da descoberta e de que tudo é trabalho — até brincar. Assim, os professores atuam a partir do centro de interesse infantil. Eles animam, organizam e enriquecem as atividades, imprimindo suas características pessoais em cada turma e dando condições para que os pequenos se manifestem espontaneamente. Acreditam que a criança não precisa de pressões ou de estímulos externos artificiais para se desenvolver bem.

Há uma preocupação global com o desenvolvimento dos alunos. Não se trabalha, nessa escola, em áreas separadas: as atividades são integradas. E os professores — que têm ampla formação em educação e arte — encarregam-se de todas elas (música, linguagem, etc). Eles são nove e não há hierarquia. Todos têm as mesmas funções, responsabilidades, grau de formação e autonomia. A cada ano um é eleito para a administração.

Apesar da rotina, nessa escola, não ser rígida, damos aqui uma idéia do trabalho desenvolvido num dia. As crianças chegam e têm meia hora de atividade livre, na área externa. Depois vão para a classe, onde fazem a "roda": sentam-se no chão e cada uma apresenta um elemento levado de casa — um inseto, um recorte de jornal, um brinquedo, um fato ou qualquer coisa interessante. O professor contribui culturalmente, questionando e conversando. Essa atividade permite tudo: diálogos, danças, cantos, representações, jogos, etc. Pode durar de dez minutos a uma hora, dependendo do grau de motivação.

A seguir vem um trabalho que varia diariamente. Às vezes, é feito a partir de propostas lançadas na "roda"; em outros casos é cada uma que apresenta uma atividade tradicional, como o ateliê, realizada na própria classe. Os pequenos criam obras com argila, papel, tintas, recortes, marcenaria, carvão, tijolo, etc.

Como a escola acredita que o desenho é importantíssimo para o desenvolvimento motor, o enriquecimento pessoal, a

abertura da mente e a criatividade, ele é incluído no programa de todos os dias. E, após as atividades em classe, as crianças ficam cerca de uma hora e meia no parque. Todas as turmas e seus professores se reúnem e brincam em conjunto, sem separação por idade — o que favorece o desenvolvimento da socialização (apenas os de dois anos frequentam o local em horário diferente, no primeiro semestre). Durante esse período em que brincam, durante cerca de uma hora, as crianças tomam lanche e também podem ocupar a parte interna da escola. Ouvem música, vêem revistas, participam de jogos, etc. Na área externa há areia, árvores, brinquedos, pneus. Depois, segue-se uma nova atividade em classe, decorrente da observação do interesse, feita pelo professor na meia hora que antecede o dia.

Não existe uma preocupação especial com a preparação para a alfabetização. O tipo de atividade realizada nos primeiros quatro anos tem sido suficiente para que as crianças cheguem ao pré em condições de se alfabetizar. O processo de aprender a ler e escrever não difere das outras atividades; também parte do interesse do grupo de alunos. E tudo é feito através de situações de descoberta, desde a escolha das palavras.

A Escola da Vila dá tanta ênfase ao centro de interesse infantil que não perde oportunidade de expandi-lo. Por exemplo, se os alunos querem informações sobre cobras, o professor leva-os ao Butantã, onde um técnico dá as explicações que desejam. Certa vez, mostraram vontade de conhecer o corpo de uma pomba por dentro. Um patologista foi até especialmente para isso — dissecou a ave diante das crianças e deu-lhes todas as informações. Um dos alunos era seu filho. É comum os pais participarem dos trabalhos, como aconteceu, também, com um biólogo cujo filho estuda lá. Foi à escola para ensinar como se faz pão, qual é o processo de fermentação, etc.

Apesar de a escola nortear-se por uma proposta antiautoritária, isto não significa que não tenha muita organização e planejamento. Ao contrário, acredita que com uma estrutura, funções e papéis bem definidos, além de uma organização normativa e um espaço adequado, é que o aluno pode produzir e criar. O que propõe é que os limites se adaptem às necessidades das crianças e não à comodidade dos adultos.

O horário é o da tarde: das 13h30 às 17h30. Paga-se, pelo semestre, 6 parcelas de Cr$ 9.054,00. À noite, funciona o Centro de Estudos, com seminários, encontros, diálogos entre educadores, além de cursos de formação. Aberto aos educadores de todos os níveis. Uma vez por mês, aos sábados, há a discussão de um trabalho individual, com discussão em grupo. O endereço é rua Morato Coelho, 1.424. Telefone: 210-6065. As matrículas para o próximo ano já se encontram abertas.

SÃO PAULO
24 de agosto de 1981

NÓS DESCOBRIMOS
QUE SAIMOS NO
JORNAL!
TODO MUNDO FEZ
AQUELA GRITARIA,
QUANDO VIU O
JORNAL.
TAMBÉM SAIU O
PÉU, IRMÃO DA
AYANA.
OS MENINOS
FICARAM CHATEA-
DOS PORQUE SÓ
SAIU O VADICO
NA FOTOGAFIA.

FIM.

São Paulo 8 de setembro de 1981.

"A MORTE DE FELIPE E FELIPA."

"HOJÉ FOI UM DIA MUITO TRISTE. FELIPE E FELIPA MORRERAM. NÓS CHEGAMOS A CONCLUSÃO DE QUE OS DOIS MORRERAM DE FOME E SEDE.

ISSO PORQUE O FERIADO FOI MUITO GRANDE E A COMIDA QUE NÓS DEIXAMOS FOI POUCA. A ÁGUA TAMBÉM ESTAVA MUITO SUJA.

NÓS TIVEMOS UMA REUNIÃO PARA COMBINARMOS TODOS OS CUIDADOS QUE NÓS TEMOS QUE TER COM NOSSOS PASSARINHOS;

– TODO FIM DE SEMANA UM DE NÓS LEVA OS PASSARINHOS PARA CASA. FAREMOS UM SORTEIO.

– TODO MUNDO VAI AJUDAR A VER SE TEM SEMPRE COMIDA PARA OS PASSARINHOS.

MADALENA FICOU MUITO TRISTE PORQUE SE ELA TIVESSE ELES PARA DELA, ISSO TINHA LEVADO A CASA NÃO ACONTECIDO."

ISSO É VERDADE !!!"

FIM.

São Paulo 9 de setembro de 1981.

"LOURO E LOURA."

" JÁ QUE NOSSOS PIRIQUITOS MORRERAN ONTÉM A
MADÁ HOSE, TROUXE OUTRO CASAL DE PIRIQUITOS.
ELES NÃO SÃO DA MESMA COR QUE FELIPE E FE-
LIPE ERAM.   E AGORA OS DOIS SÃO DA
MESMA COR: VERDE CLARO COM RISCAS PRETAS.
O MACHO TEM A CABEÇA AMARELA, A FÊMEA
TEM CABEÇA RISCADA DE PRETO E AMARE-
LO.

FOI MUITO BOM QUE A MADALENA TROUXE
LOGO OUTROS PIRIQUITOS, PORQUE ASSIM
NEM DEU PARA A GENTE TER MUITA SAUDADE,
DE FELIPE E FELIPA... "

FIM.

São Paulo 11 de setembro de 1981.

"A FUGA DO MIMI"

QUANDO NÓS CHEGAMOS HOJE, A GAIOLA DO MIMI ESTAVA CAÍDA NO CHÃO, ABERTA. A GAIOLA TINHA UM ARAME ABERTO.

CIDA FALOU QUE A JANELA DORMIU ABERTA, NÓS ACHAMOS QUE ENTROU UM GATO E ASSUSTOU O MIMI E ELE, FUGIU.

TAMBÉM PODE SER QUE O GATO TENHA COMIDO, O MIMI

NÓS, FICAMOS MUITO CHATEADOS, E ESTAMOS PENSANDO EM TROCAR DE BICHOS.

FIM

São Paulo   de setembro de 1981.

"CACIQUE JURUNA"

TIVEMOS UMA VISITA MUITO ESPECIAL NESSE
DIA. SABE QUEM FOI? FOI O MARCOS, UM
ÍNDIO. ELE VEIO TAMBÉM COM UMA MOÇA CHA-
MADA LUCIA, QUE NOS MOSTROU SLIDES
SOBRE OS ÍNDIOS.

MARCOS CON-   TOU MUITAS
COISAS DOS   ÍNDIOS QUE
NÓS NÃO   SABÍAMOS.
DESCOBRIMOS   QUE QUEM
FUMA O   CACHIMBO
DA PAZ, É   SÓ O CACI-
QUE E O   PAJÉ...

MAS AQUI NA CLASSE QUEM É O CACIQUE É A
MADALENA, E NÓS SOMOS OS PAJÉS...

MARCOS TAMBÉM CONTOU QUE OS ÍNDIOS NÃO
PRENDEM OS PASSARINHOS EM GAIOLAS...
ELES FICAM SOLTOS NA FLORESTA.

FIM.

São Paulo 30 de setembro de 1981

A LOURA VAI POR OVO?

"NÃO, NÃO SABEMOS. ATÉ AGORA NADA.
NÓS ACHAMOS QUE NÃO ESTA NO TEMPO, AINDA
QUANDO ELA POR NÓS VAMOS ESCREVER
CONTANDO.

FIM.

São Paulo   agosto de 1981

JONATHAN E MARCELO.

VISITAS QUE JÁ TIVEMOS DE IRMÃOS!
JONATHAM E MARCELO.
O JÔ, É O IRMÃO DO ACAUÃ E MARCELO
É IRMÃO DO ROGÉRIO.
JONATHAM FOI O PRIMEIRO QUE VEIO.
ELE TROUXE O BICHO-PAU DE PRESENTE,
E TAMBEM UMA CAIXA CHEIA DE OUTROS
BICHOS.
MARCELO VEIO PARA NOS CONTAR COMO
ERA A ESCOLA DA U.S.P.

NÓS JOGAMOS FUTEBOL E DE SUPER-HEROI,
FOI LEGAL.

FIM.

São Paulo   outubro d 1981

Visita da Mariana

VISITA DA MARIANA.

MARIANA, A FILHA DA ROSA, VEIO HOJÉ NOS VISITAR.
ELA VEIO TAMBÉM NOS ENSINAR COMO SE FAZ UMA FLAUTA DE BARRO.
SÓ QUE NÓS PENSAVAMOS QUE DAVA PARA TOCAR, MAS NAÕ DÁ.
É ASSIM QUE SE FAZ:
PEGA-SE UM PEDAÇO DE BARRO, BATE BEM E DEPOIS ENRROLA-SE NO PINCEL. FAZ-SE OS FUROS E ~~ENRROIS~~ DEPOIS TIRA-SE DO PINCEL.

MARIANA TAMBÉM TROCOU PAPEL DE CARTA COM AGENTE.

FIM

São Paulo 10 de novembro de 1981.

A
BRIGA
DO
JOÃO
E
DA
TULA.

HOJE TEVE UMA BRIGA NA CLASSE.
A BRIGA FOI DA TULA COM O JOÃO.
O JOÃO IA VOLTANDO DO PARQUE
E A TULA AVANÇOU NELE. PUXANDO O
CABELO, DANDO TAPA, CHINGANDO...
NINGUÉM ENTENDEU NADA!
SÓ MADALENA QUE ENTENDEU, E
EXPLICOU PARA O JOÃO, O QUE É QUE
A TULA TINHA — NO OUVIDO DELE...
PARECE QUE ELA ESTAVA CHATEADA
E TRISTE. MAS O JOÃO NÃO TEVE
CULPA DE NADA.

FIM.

São Paulo novembro de 1981.

VISITA AO "TRABALHO DO PAI
E DA MÃE". "CENTRO DE SAÚDE".

"A MÃE DA MADÁ, O PAI DO ROGÉRIO
O PAI DA EMILIA, E O PAI DO VADICO
TRABALHAM TODOS, NUM MESMO LUGAR,
CHAMADO: "CENTRO DE SAÚDE."
A MÃE DA MADÁ É ENFERMEIRA — CHE-
FE DAS ENFERMEIRAS — E OS OUTROS PAIS
SÃO MÉDICOS.
FOI MUITO LEGAL ESSA VISITA
PORQUE NÓS ESCUTAMOS NOSSO CORÁ-
ÇÃO VISITAMOS AS SALAS QUE OS MÉ-
DICOS ATENDEM OS DOENTES,
TAMBÉM VIMOS A SALA ONDE AS CRI-
ANÇAS TOMAM VACINAS. ESSA PARTE FOI
MUITO CHATA...
NO FIM ERANDI COMPROU DROPS E
CHOCOLATE PARA NÓS.
            FIM.

São Paulo outubro de 1981.

" VÍSITA DO PIANO "
" VÍSITA AO ZÉ MIGUEL PAI DO DANI "

TODO MUNDO ADOROU IR CANTAR COM
O PAI DO DANI! NÓS CANTAMOS A MÚSICA DO
"A BC", E ELE IA ACOMPANHANDO NO PIANO.
NINGUÉM TINHA O NOME COM A LETRA
Z AGORA NÓS DESCOBRIMOS QUE
ZÉ MIGUEL, É COM Z...

NÓS LANCHAMOS UM LANCHE BEM
GOSTOSO; CONHECEMOS A MARINA, A
IRMÃ DO DANI, COMEMOS AMORA NO
PÉ DE AMORA, JÓGAMOS BOLA, VIMOS O
QUARTO DO DANI E DEPOIS VOLTAMOS
PARA A ESCOLA.

FIM

São Paulo novembro de 1981

"VISITA AO TRABALHO DO PAI E DA MÃE DA TAMARA E DA MÃE DO DANI."

"TODO MUNDO FOI VISITAR O TRABALHO DA MÃE DO DANI, DO PAI E DA MÃE DA TAMARA. PRIMEIRO NÓS BRINCAMOS NO SALÃO, QUE TINHA UMA CASINHA E UMAS CORDAS PARA SE BALANÇAR. DEPOIS NÓS CONVERSAMOS COM LÚCIA E EVA. ELAS CONTARAM ESTÓRIAS PARA NÓS. A MÃE DO DANI CONTOU A ESTÓRIA DO "POBRE ADALTO" E A MÃE DA TAMARA, E ESTORIA DE UMA MENINA CHAMADA "NINGUÉM". TEVE UM LANCHE SUPER GOSTOSO COM COXINHA, SANDUICHE DE PATÉ, COCA-COLA, E UM DELICIOSO PAVÊ! NO FIM VIMOS AS SALAS ONDE A LÚCIA E A EVA TRABALHAM. DEMOS ADEUS PARA O PAI DA TAMARA E VOLTAMOS PARA A ESCOLA DA VILA."

FIM

São Paulo novembro de 1981.

"VISITA DO RENATO PAI DA MADÁ."

"RENATO VEIO AQUI NA ESCOLA TIRAR UMAS FOTOS DO PRÉ. DE TODO MUNDO DO PRÉ! DOS BICHOS TAMBÉM!
ELE FICOU QUASE A TARDE TODA COM A GENTE. EXPLICOU COMO FUNCIONAVA A MÁQUINA E UMA LUZ CHAMADA FLASH.
SERÁ QUE AS FOTOS VÃO SAIR BONITAS?

MADALENA ACHA QUE SIM.

FIM.

São Paulo novembro de 1981.

VISITA AO TRABALHO DO PAI E DA MÃE DO ACAUÃ: LABORATÓRIO DA BIO-QUÍMICA DA U.S.P.

"NÓS FOMOS VISITAR O TRABALHO DO PAI E DA MÃE DO ACAUÃ, NO LABORATORIO DE BIOQUIMICA DA USP. FOI MUITO LEGAL! NÓS VIMOS MUITAS MÁQUINAS.
TEVE GENTE QUE GOSTOU MAIS DO MICROSCÓPIO, TEVE GENTE QUE GOSTOU MAIS DA LUPA, TEVE GENTE QUE GOSTOU MAIS DO MISTURADOR, TEVE GENTE QUE GOSTOU MAIS DA GELADEIRA - SUPER GELADA. TEVE GENTE QUE GOSTOU MAIS DA SALA GELADA, TEVE GENTE QUE GOSTOU MAIS DA SALA QUENTE.
NÓS TOMAMOS CAFÉ COM BISCOITO E CHOCOLATE "BIS". E NÃO ESQUECEMOS DE TRAZER O LANCHE DO ROGÉRIO E DO JOÃO.
NÓS FOMOS E VOLTAMOS NA "BURRECA VELHA" DA MADALENA.
FIM.

São Paulo dezembro.

VISITA AO TRABALHO DO PAI DA AVANA.

A ESCOLA FOI DE MANHÃ. MUDAMOS O HORÁRIO PORQUE O PAI DA AVANA — O TENORIO. SÓ PODIA DE MANHÃ.
FOI MUITO APRESSADA A VISITA MAS FOI LEGAL. NÓS CONVERSAMOS NA SALA DO TÉNORIO, QUE TÉNHA UMA CAMA!
TAMBÉM VIMOS AS OUTRAS SALAS.
NINGUÉM CONHECIA UMA GOIABEIRA! AGORA FICAMOS CONHECENDO...

TEVE UM LANCHE GOSTOSO COM COCA-COLA.

QUANDO VOLTAMOS PARA A ESCOLA NÓS PASSAMOS PELO "CRIE".

FIM

São Paulo novembro de 1981

" VISITA AO TRABALHO DA MÃE DA TULA"

"A MÃE DA TULA, TRABALHA EM CASA — MAS
DÁ AULA DE INGLÊS NUMA ESCOLA, TAMBEM —
ELA TRABALHA EM CASA, FAZENDO COISAS
COM MISSANGAS. NÓS FOMOS APRENDER
A FAZER PULSEIRAS DE MISSANGA.
NÓS TRABALHAMOS MUITO MAS NÃO SABE-
MOS FAZER A PULSEIRA AINDA. VAMOS
CONTINUAR FAZENDO AQUI NA ESCOLA, ATÉ
APRENDERMOS!
NA CASA DA TULA TEVE UM LANCHE
MUITO GOSTOSO.

AS MENINAS VIERAM NO JIPE, DA
MÃE DA TULA, E OS MENINOS VIERAM
NA "BURRECA VELHA" DA MADALENA. +

FIM

São Paulo novembro de 1981.

"VISITA AO TRABALHO DA MÃE DA EMILIA!

'O TRABALHO DA MÃE DA EMILIA, É BEM
PERTO DA ESCOLA. POR ISSO QUE
NÓS FOMOS ANDANDO PELA/RUA...
FOI MUITO LEGAL.
O PAI DA EMILIA TAMBEM ESTAVA
LÁ, PORQUE ELE TAMBEM TRABALHA
NO MESMO LUGAR.
O PAI E A MÃE DA EMILIA FEZ
UM TEATRO PARA MOSTRAR COMO ERA
O TRABALHO DELES. FOI JÓIA!
O CHATO FOI QUE ACABOU LOGO.

DEPOIS NÓS VOLTAMOS A PÉ PA-
RA A ESCOLA.

FIM.

São Paulo novembro de 1981

"FILME DA MÃE DA JUJA"
"FILME DA BALEIA."

juliana

"A RAQUEL, MÃE DA JUJA VEIO PASSAR
UM FILME DE BALEIA PARA NÓS, AQUI NA
ESCOLA.
NÓS GOSTAMOS TANTO QUE ELA REPE-
TIU O FILME TRES VEZES!
TAMBEM LANCHAMOS JUNTOS COM A
RAQUEL. ELA TROUXE UM DOCE DE
BANANA COM SUSPIRO MUITO MAIS
MUITO GOSTOSO! NÓS COMEMOS TUDO.

FIM.

CADERNO DE LIÇÕES
ESCOLA DA VILA, 1981

ESCOLA   DA   VILA
DATA 16   DE   FEVEREIRO DE 1981
NOME : _____

NOSSA   HISTÓRIA

NÓS ANDAMOS DE MUITOS JEITOS
NA CLASSE.
NÓS FIZEMOS VÁRIOS DESENHOS
DE CAMINHOS PELO CHÃO.
VAMOS FAZER AGORA NO PAPEL ?

São Paulo, fevereiro de 1981

_____

Nós estamos querendo
fazer nossa toalha
para o lanche.
Combinamos de cada
um trazer amanhã
um retalho — de qual-
quer tipo e tamanho.

Abraços de
Todo mundo
do PRÉ.

ACAUÃ
DANI
JUJU
modelene
JOAO
EMILIA
AVANA
TAMARA
MADA
TULA
MAURICIO
ROGÉRIO

ESCOLA DA VILA
DATA ____ DE FEVEREIRO DE 1981
NOME _____

NOSSA HISTÓRIA

ONTEM NÓS BRINCAMOS DE "CORRE-
CORRE COTIA", NUMA RODA BEM
GRANDE!

1 - SEGUIR O CAMINHO DA LINHA
PONTILHADA DA NOSSA RODA.
PINTE CADA CAMINHO DE
UMA COR.

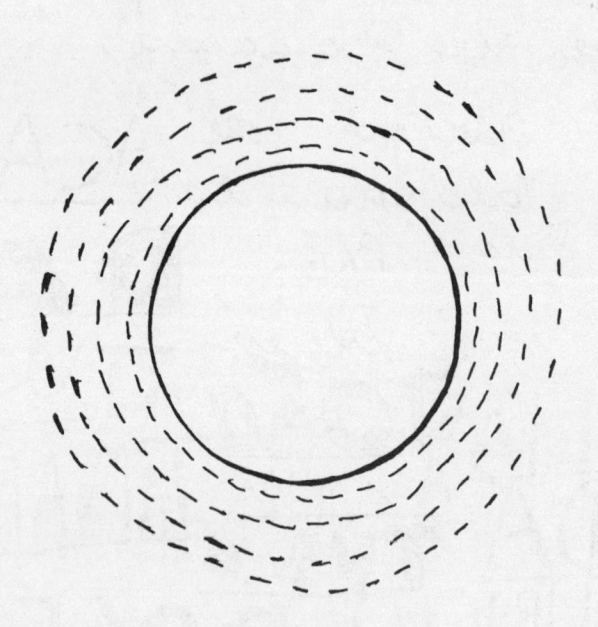

ESCOLA DA VILA

DATA — DE FEVEREIRO DE 1981

NOME _____

O QUE PARECE?   O QUE PODE VIRAR?

ESCOLA DA VILA

DATA ___ DE MARÇO DE 1981

NOME _____

"PASSE O LAPIS POR CIMA, E PINTE."
(ESSA LIÇÃO QUEM INVENTOU FOI O ROGÉRIO)

ESCOLA DA VILA

DATA ___ DE MARÇO DE 1981

NOME _____

ONTEM NÓS TRABALHAMOS COM
SEMENTES.

TODO MUNDO INVENTOU UM
TIPO DE LIÇÃO.

1. DESENHE OU COLE A
MESMA QUANTIDADE QUE
ESTÁ MARCADA NO CÍRCULO

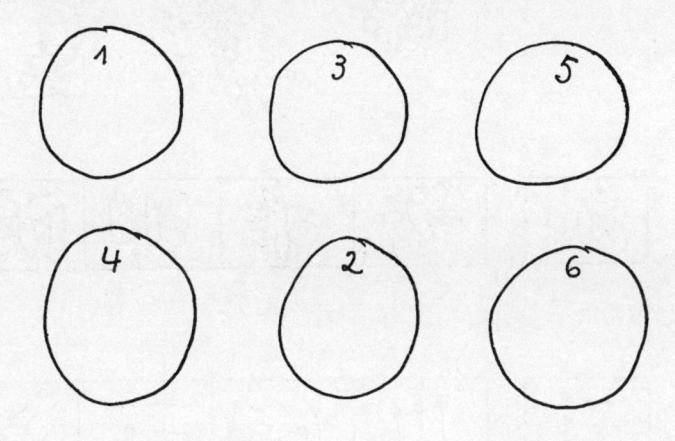

ESCOLA DA VILA
DATA: —— DE MARÇO DE 1981
NOME: ————————————

ESCOLA DA VILA
DATA: — DE MARÇO DE 1981
NOME: _____

QUEM IVENTOU ESSA LIÇÃO FOI
O ROGÉRIO.
"TEM QUE FAZER BOLAS ATÉ LÁ EMBAIXO."

ESCOLA DA VILA

DATA _____ DE MARÇO DE 1981

NOME _____

1- Nós ESTAMOS ESTUDANDO ARANHAS. Hoje vimos
COMO TECEM SUAS TEIAS.
LIGUE TODOS OS TRAÇOS DESSA TEIA DE
ARANHA.

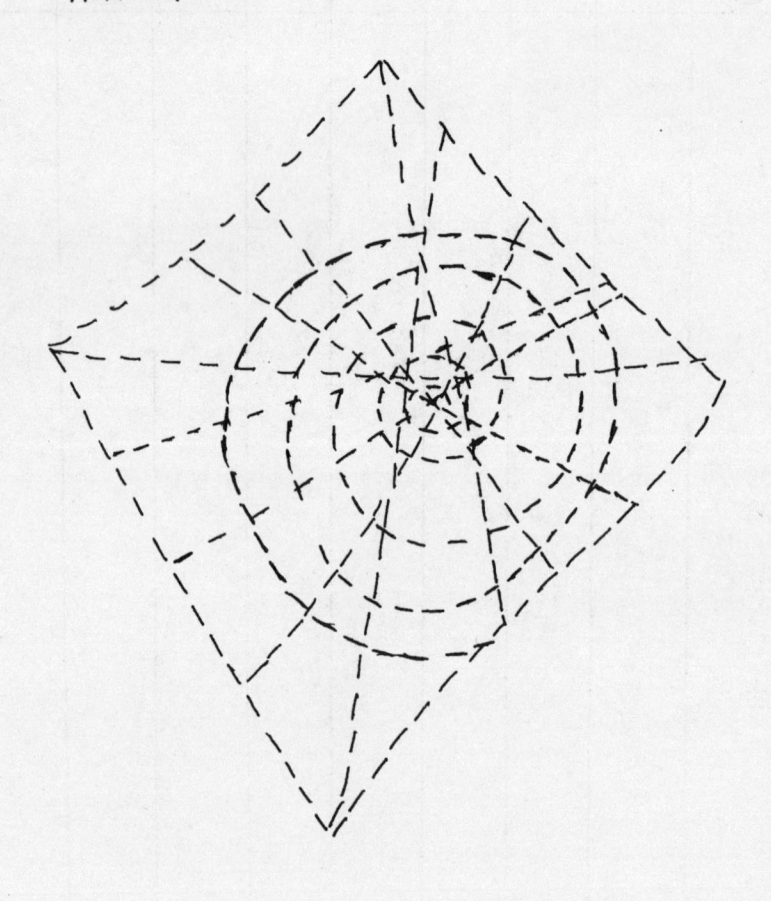

ESCOLA DA VILA

DATA: ___ DE MARÇO DE 1981

NOME _____

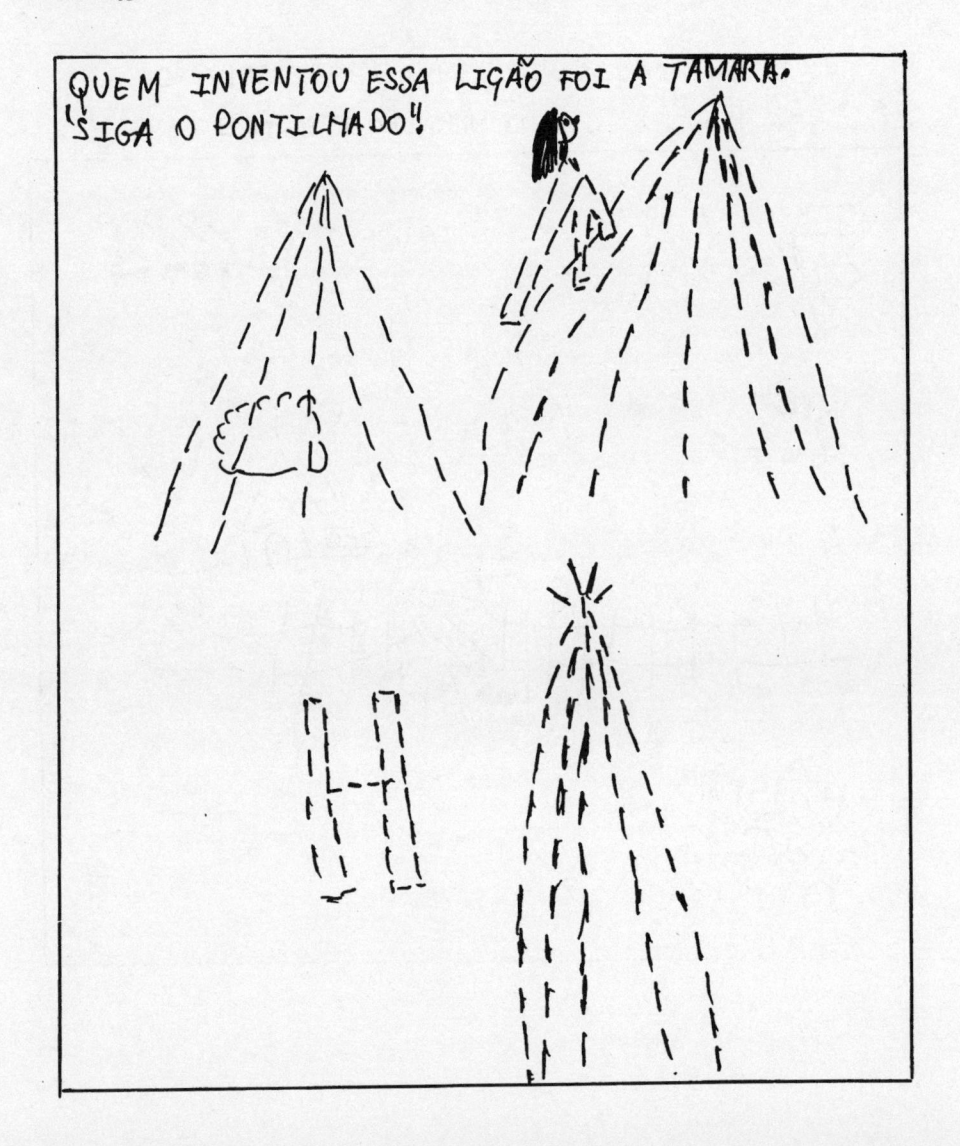

ESCOLA DA VILA
DATA —— MARÇO DE 1981
NOME: ————————

VADICO FOI QUEM INVENTOU ESSA LIÇÃO
"SEGUIR O CAMINHO PONTILHADO"

ESCOLA DA VILA
DATA — MARÇO DE 1981
NOME

ONTEM NÓS ANDAMOS PELA CLASSE
SEM PISAR NOS FIOS.
NÓS DESCOBRIMOS MUITAS FORMAS
QUE OS FIOS DESENHAVAM
PINTE A FORMA QUE VOCE
DESCOBRIU.

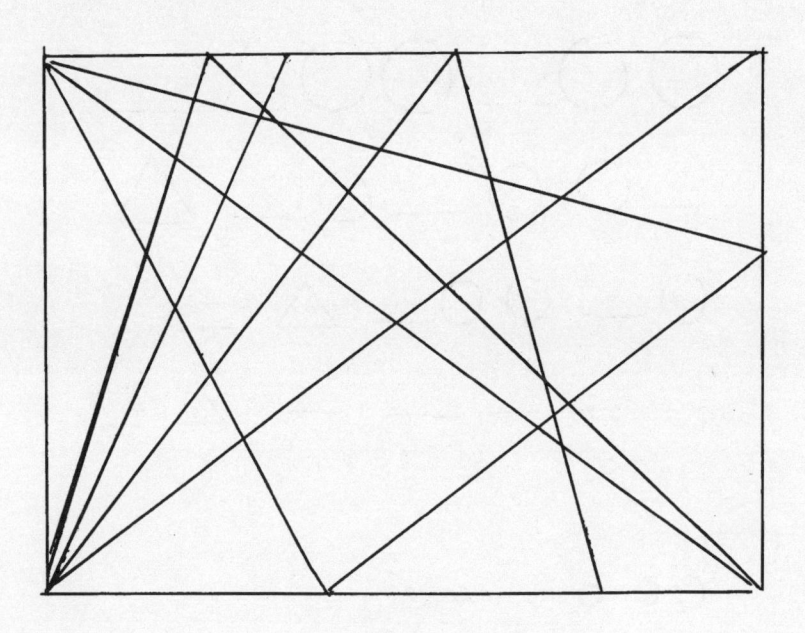

ESCOLA DA VILA

DATA ___ DE MARÇO DE 1981

NOME. _____

NOSSOS . SÍMBOLOS DOS DIAS DA SEMANA:

○ ○ ○ ○ ○ △△

1_ COMPLETE O QUE FALTA

○ ○ _ ○ ○ △ _

_ ○ ○ _ ○ _ △

○ _ ○ ○ _ △ _

_ _ _ _ _ _ △ _

○ ○ ○ ○ ○ △△

_ _ _ _ _ _ _

ESCOLA DA VILA
DATA — MARÇO DE 1981

ONTEM MADALENA TROUXE UM
PRESENTE PARA O PRÉ

PIPOCA

ESCOLA DA VILA
DATA — MARÇO DE 1981
NOME: _____

NOSSA   TATURANA VIROU CASULO!
NOSSO   CASULO TEM BORBOLETA!!!

ESCOLA DA VILA

DATA —— DE MARÇO DE 1981

NOME ——————

4 DESENHAR:

OVO →

PIPOCA →

TATU →

ESCOLA DA VILA

DATA — DE ABRIL DE 1981

NOME _____

ESSA LIÇÃO QUEM FEZ FOI A TAMARA

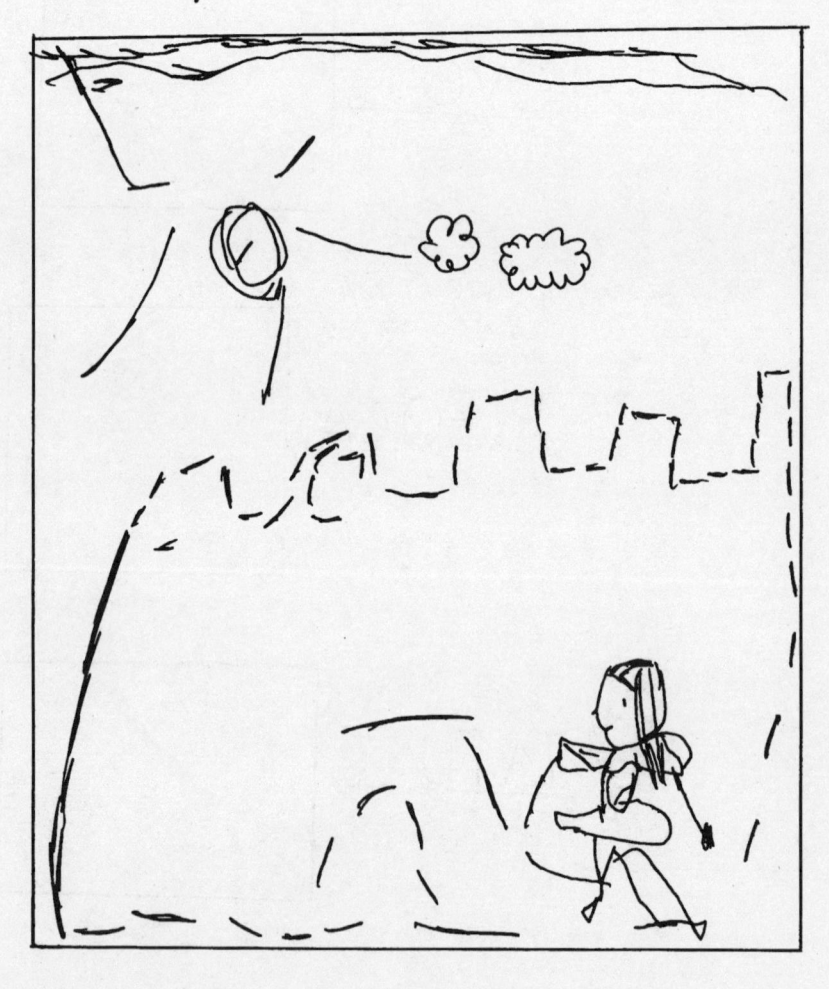

ESCOLA DA VILA

DATA: ____ DE ABRIL DE 1981

NOME: _____

NÓS ONTEM FIZEMOS NOSSA BOLA DE MEIA
TEVE UMA ESTÓRIA MUITO GOZADA! QUE ATÉ
MADALENA CHOROU DE TANTO RIR...
PINTE A BOLA E ESCREVA BOLA.

ESCOLA DA VILA

DATA —— DE ABRIL DE 1981

NOME ———————

1. MONTE O QUEBRA-CABEÇA DA NOSSA <u>BOLA</u>
E DO NOSSO <u>OVO</u>.

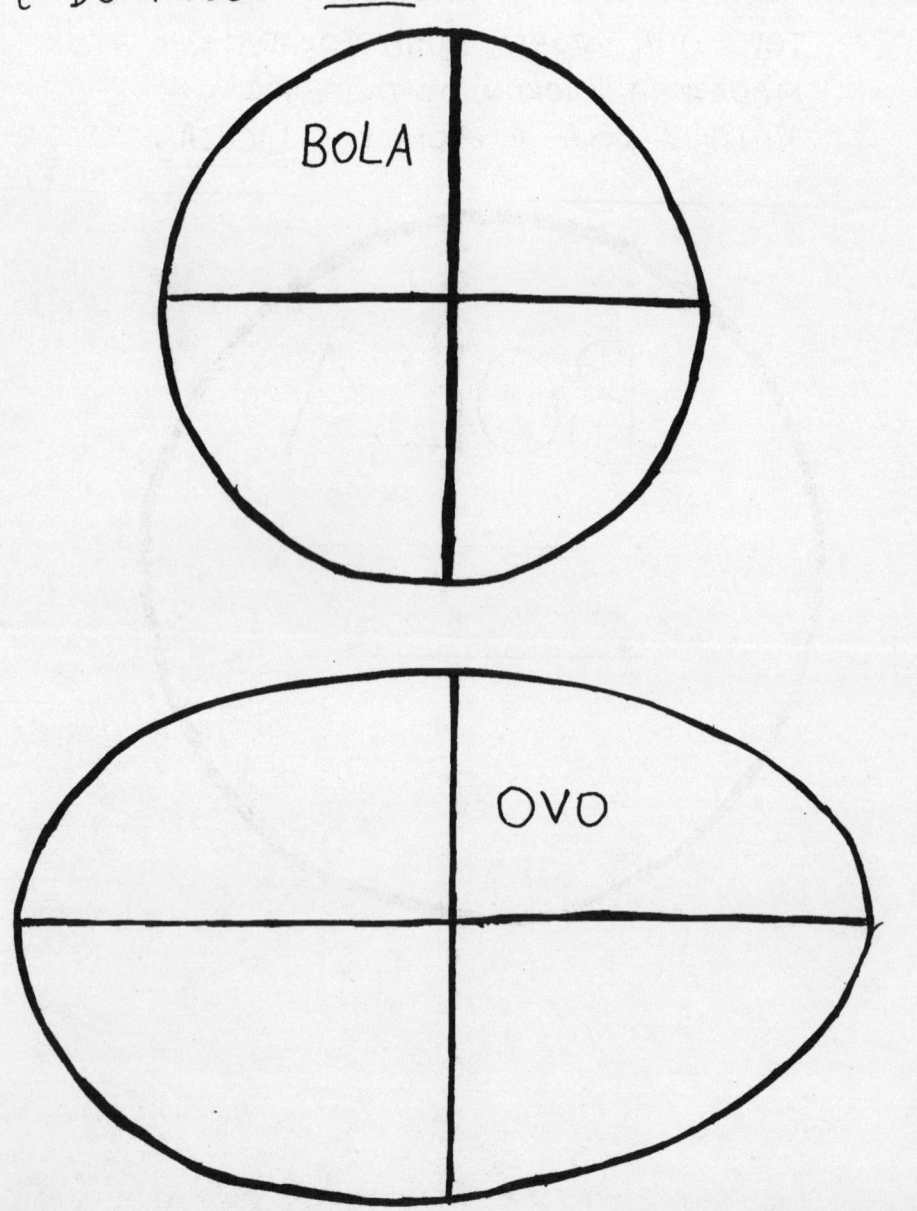

ESCOLA DA VILA

DATA: _____ MARÇO DE 1981

NOME: _____

1-FAÇA OS CAMINHOS

ESCOLA DA VILA
DATA — ABRIL DE 1981
NOME _____

1- MARCAR O (PI)

PIPOCA
TA TU
PITUCA

2- MARCAR O (TA)

TATU
CATA
TUCA

3- MARCAR O (SA)

SAPO
VOVÓ
SAPA

ESCOLA DA VILA

DATA 23 DE ABRIL DE 1981

NOME ————————

1- MARCAR UMA BOLA NO (PA)

SAPATO

TUCA

SAPA

2 - MARCAR UMA BOLA NO (TA)

SAPO

PATO

TATU

3 - MARCAR UMA BOLA NO (SA)

PIPETA

SAPO

SAPA

ESCOLA DA VILA

DATA: ___ ABRIL DE 1981

NOME: _____

ESSA LIÇÃO FOI O JOÃO QUEM INVENTOU.

___ ___ ___

___ ___ ___

ESCOLA DA VILA
DATA ___ DE MAIO DE 1981
NOME _____

1_ SE - PA - RE AS SÍ-LA-BAS.

AMIGO
___ ___ ___

AMIGA
___ ___ ___

MACACO
___ ___ ___

MACACA
___ ___ ___

FOFOCA
___ ___ ___

ESCOLA   DA VILA

DATA:—— DE MAIO DE 1981

1— SEPARE   AS SÍLABAS:

AMIGO   AMIGA

MACACO   MACACA

FO FO   FO FA

BO BO   BO BA

São Paulo 19 de maio de 1981

Estamos estudando os planetas, as estrelas e VULCÃO.
Caso tenham material sobre esses temas nos enviem URGENTE!...

Beijão e abraços de todo mundo dô PRÉ.
Madalena

JOAÕ   **TULA**
ACAUÃ   **MAURICIO**
DANI   **VADICO**
TAMARA   **EMILIA**
JUJU   **ROGÉRIO**
MADÁ   **AVANA**

1) FAÇA UM CÍRCULO NO (LO)

BOLO

LOBO

LATA

BOLA

2) FAÇA UM CÍRCULO NO (LA)

BOLA

BOLO

LOBO

LATA

ESCOLA DA VILA

DATA : **14** DE MAIO DE 1981

NOME : _____

"NÓS FOMOS ONTEM NA CASA DA EMÍLIA.
FOMOS APRENDER COMO O PAI DA EMÍLIA TRABA-
LHA NA MARCENÁRIA. ELE FEZ UMA CADEIRA DE
BALANÇO (DE BONECA.). O NOME DO PAI DA EMÍLIA
É URACI. "
O CAMINHO DA CASA DA EMÍLIA TINHA LADEIRA.
NÓS SUBIMOS E DESCEMOS.
PINTE O CAMINHO, SEM SAIR DA LINHA.

ESCOLA DA VILA
DATA ___ DE MAIO DE 1981
NOME:_____

1- COMPLETE O QUE FALTA:

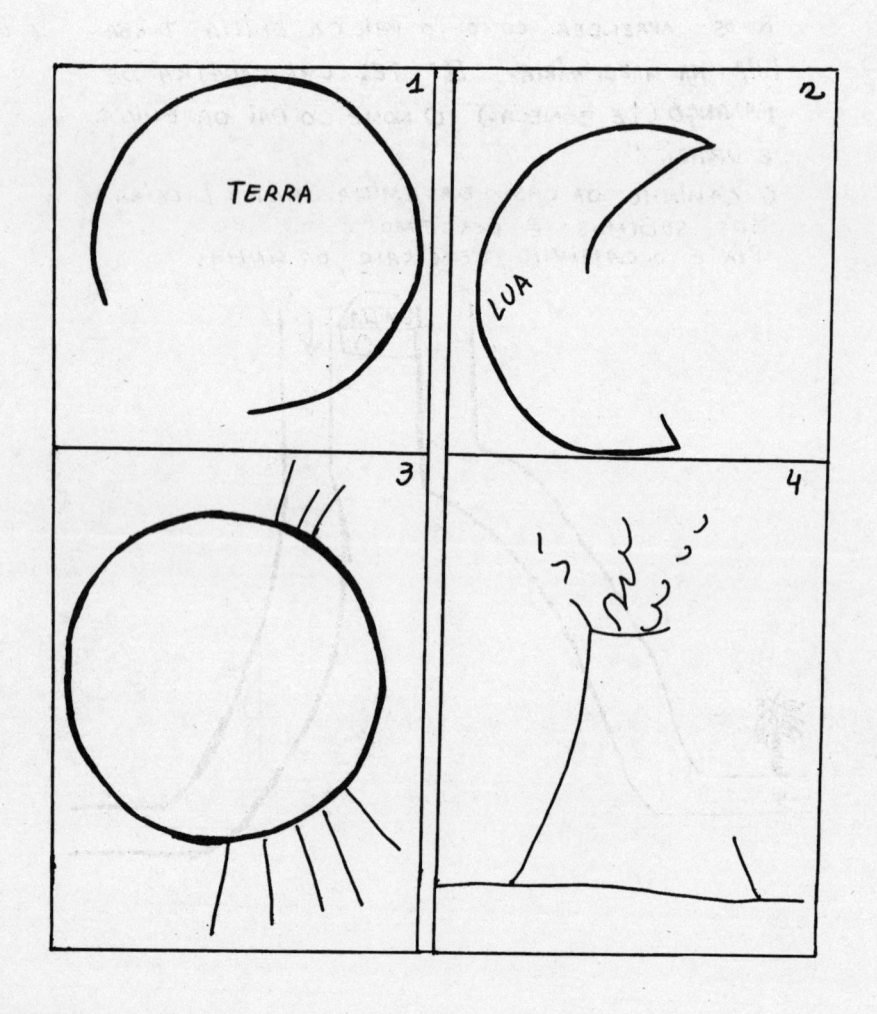

ESCOLA DA VILA

DATA: ___ DE MAIO DE 1981

NOME: _____

O PAI DO JOÃO VEIO TIRAR FOTOGRA-
FIAS DA NOSSA CLASSE. DESENHE A
PARTE DE NOSSA CLASSE QUE VOCE
GOSTA MAIS.

São Paulo 5 de maio de 1981

Amanhã nós vamos no dentista saber "como que escova os dentes, que dente já caiu e qual o que ainda vai cair?

Preciso trazer dinheiro para pagar a perna. Modileuia depois manda dizer quanto que é.

Abraços de Todo mundo do

PRÉ

FIM

ESCOLA DA VILA

DATA ___ DE MAIO DE 1981

NOME _____

ONTEM NÓS FOMOS NO DENTISTA E VIMOS,
TOCAMOS TODOS NOSSOS DENTES.
DESENHE NESSA BOCA TODOS OS
SEUS DENTES. E PODE PINTAR!

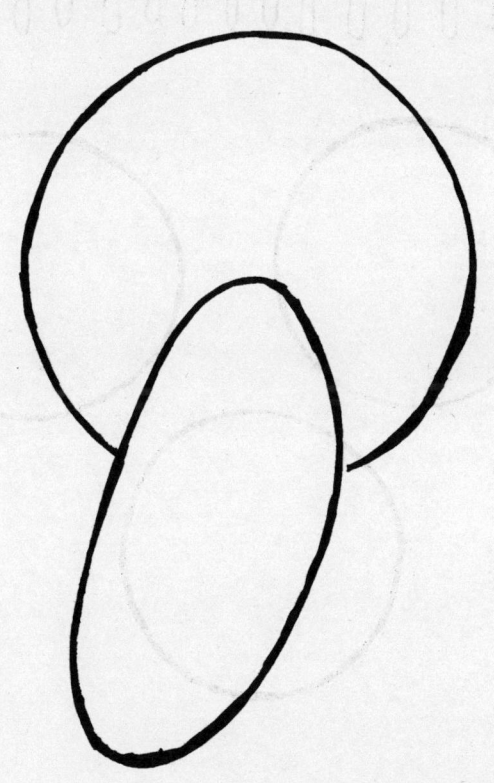

ESCOLA DA VILA

DATA — DE MAIO DE 1981

NOME ————————

QUANDO NÓS FOMOS NO DENTISTA
GANHAMOS 11 ESCOVAS.
ARRUME AS ESCOVAS DEPOIS QUE
PINTA-LAS, NOS CÍRCULOS.

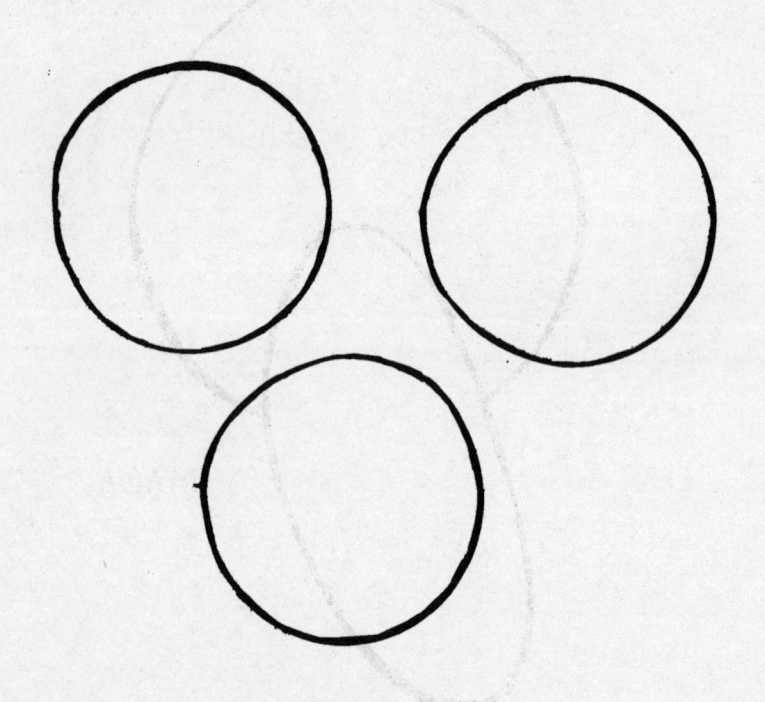

ESCOLA DA VILA

DATA:____ DE JUNHO DE 1981

NOME:
_____

1. LIGUE OS IGUAIS:

	DAMA
ZORRO	MADA
ZÉLIA	FADA
ZICO	ZORRO
FOGO	MATA
FACA	ZÉLIA
FOCA	MOTO
FADA	ZORRO
FITA	FACA
MADÁ	MIMI
DAMA	ZICO
MALA	MATO
MATO	FOGO
MATA	MADÁ
MIMI	FITA
MOTO	FOCA
	MALA

ESCOLA DA VILA

DATA __2__ DE JUNHO DE 1981

NOME: _____

1- HOJE O CACHORRO DA MADALENA VEIO NOS VISITAR, O NOME DELE É ZORRO

ZORRO

ZÉLIA   ZICO

ESCOLA DA VILA

DATA: _2_ DE JUNHO DE 1981

NOME: _____

"ONTEM TEVE UMA BRINCADEIRA DE BARCO.
O BARCO TAMBEM VIRAVA LUA..."

DESENHE VOCE DENTRO DO BARCO
E OS TUBARÕES NO MAR.

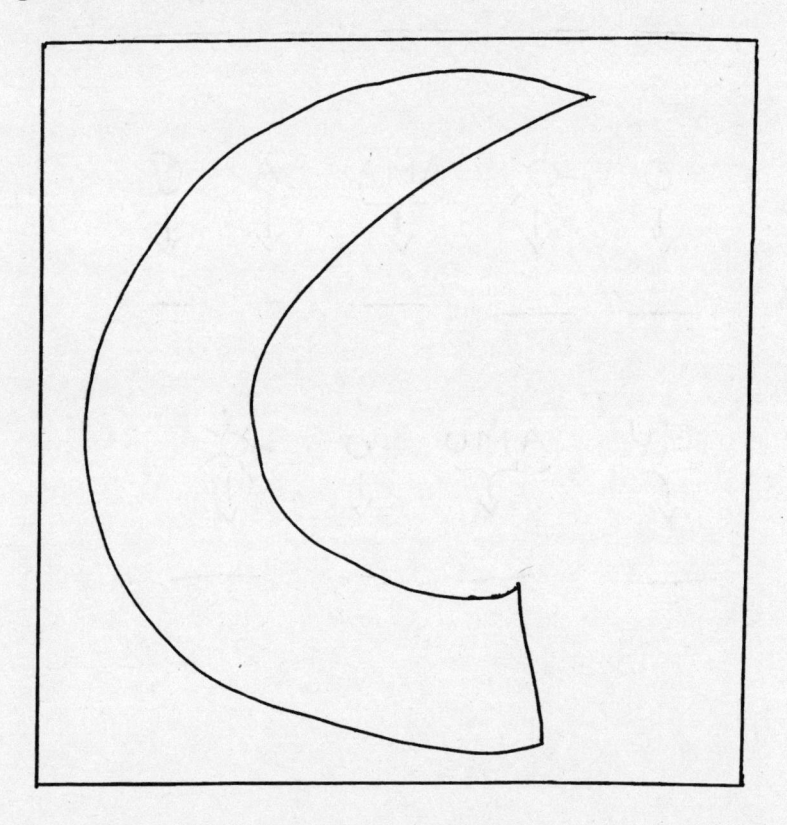

ESCOLA DA VILA
DATA: 11 DE JUNHO DE 1981
NOME: _____

COPIE:

A   ☾   AMA   O   ☀
↓   ↓   ↓   ↓   ↓
___ ___ ___ ___ ___

O   ☀   AMA   A   ☾
↓   ↓   ↓   ↓   ↓
___ ___ ___ ___ ___

EU   AMO   O   ☀
↓   ↓   ↓   ↓
___ ___ ___ ___

DATA :___ DE AGOSTO DE 1981

NOME :_____

XICÃO

CAJAPÓ

CARAJÁ

OIANA

ÍNDIO

DADO
DEDO
DIA
DOÍ
DURO

VADICO

VACA
VELA
VIDA
VOVÔ
VULCÃO

ESCOLA DA VILA

DATA:____ DE AGOSTO DE 1981
NOME:_____

ÍNDIO

UMUTINA

_____

BOTOCUDO

_____

COROADO

_____

BORORO

_____

ESCOLA DA VILA

DATA: ___ DE AGOSTO DE 1981

NOME: _____

PIPOCA
PELADO
PAPAI
POUCA
PURO

(TA)

TITIA
TATU
TOCA
TECA
TUDO

ESCOLA DA VILA

DATA: — DE AGOSTO DE 1981

NOME: _____

O(CA)

MACACO
OCA
CUCO
CUIDADO

(LA)TA

LAMA
LELÉ
LIA
LOUCO
LUA

ESCOLA DA VILA

DATA: —— DE AGOSTO 1981

NOME: _____

BIO

FADA
FESTA
FITA
FOGO
FUGA

BALA

BALA
BEBI
BICO
BOLO
BUBU

DATA ___ DE AGOSTO DE 1981

NOME _____

CIDA
LATA
NAVE
CAPA
LEITE
NOITE
COPO
NEVE
LIA
CUCO
NUA
LOUCO
LUTA
NIDIA
OCA
CEDO

CA
_____
_____
_____
_____
_____

LA
_____
_____
_____
_____

NA
_____
_____
_____
_____

ESCOLA DA VILA

DATA :___ DE AGOSTO DE 1981

NOME :_____

VOVÓ
FOGO
BOLO
VOVÔ
FADA
BALA
VELA
FITA
BIA
VIDA
VACA
FESTA
FURO
BURACO
VULCÃO
BEBI

BA

FA

VA

ESCOLA DA VILA

DATA ——— DE AGOSTO DE 1981

NOME ———————————

1- LEIA

BALA   BETO   BICO   BOLO   BUBU
DADO   DEDO   DIDI   DOI   DUDA
FADA   FELIPE FITA   FOGO   FURA
LATA   LEITE   LIA   LOUCA LUTA
MATA   MELADO MIA   MOTO   MUDA

2- DESENHE A PALAVRA QUE VOCE
   MAIS GOSTOU DE LER.

ESCOLA DA VILA

DATA — DE AGOSTO DE 1981

NOME _____

2 | 1 | 4 | 3
| GOSTO | EU | ROSCA | DE |

•_____

2 | 1 | 3
| COMEMOS | NÓS | TUDO |

•_____

2 | 4 | 3 | 1
| JÁ | LER | SEI | EU |

•_____

2 | 1 | 3
| COMI | EU | ROSCA |

•_____

ESCOLA DA VILA

DATA ——— DE AGOSTO DE 1981

NOME _____

FESTA

1- COPIÉ

"A FESTA DA TULA FOI BONITA"

"EU GOSTO DE FESTA"

"NÓS COMEMOS BOLO"

ESCOLA DA VILA

DATA ___ DE AGOSTO DE 1981

NOME _____

1_ LEIA AS FRASES E COLE
CADA PALAVRA NO SEU LUGAR.

"O SAPO PULOU NA SAPA"

☐ ☐ ☐ ☐ ☐

"O MENINO COMEU O BOLO"

☐ ☐ ☐ ☐ ☐

"A FOCA COMEU TODO O FOGO."

☐ ☐ ☐ ☐ ☐ ☐

ESCOLA DA VILA

DATA:___ AGOSTO DE 1981

NOME: _____

1ª) LEIA AS FRASES E COPIE:

"A ROSCA É DA MADALENA."

• _____

"EU COMI ROSCA"

• _____

"A ROSCA ESTAVA GOSTOSA"

• _____

ESCOLA DA VILA
DATA — DE AGOSTO DE 1981
NOME ⎯⎯⎯⎯

COPIÉ :

"ESTOU LOUCA"

• ⎯⎯⎯⎯⎯⎯⎯⎯

"EU COMI BANANA"

• ⎯⎯⎯⎯⎯⎯⎯⎯⎯

"EU TOMEI VITAMINA"

• ⎯⎯⎯⎯⎯⎯⎯⎯⎯

ESCOLA DA VILA

DATA ___ DE OUTUBRO DE 1981

NOME _____

ESCOLA DA VILA

DATA: ___ DE SETEMBRO DE 1981.

NOME: _____

MENINAS = ___
MENINOS = ___
SAPATOS = ___

DATA: ___ DE SETEMBRO DE 1981

NOME: _____

ARRUME

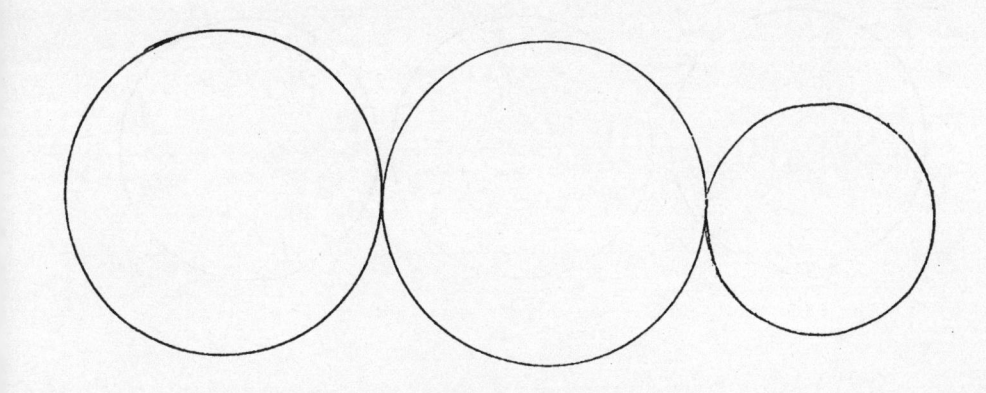

ESCOLA DA VILA

DATA:_____ DE SETEMBRO DE 1981.

NOME:_____

ARRUME OS SAPATOS.

ESCOLA DA VILA

DATA ___ DE SETEMBRO DE 1981
NOME _____

1 - COMPLETE: BOLA

MOLA

DATA: ___ DE SETEMBRO DE 1981

NOME _____

ROSCA

BOLA

⊕ + ⊕ + ◖ = ___

◖ + ◗ + ◗ + ◗ + ◗ + ◗ + ◗ + ◗ + ◗ + ◗ = ___

ESCOLA DA VILA

DATA ____ DE AGOSTO DE 1981

NOME _____

1 _ COMPLETE AS FRASES :

BONITA   MENINO   NA ESCOLA
BONITO   BOLO   COCA-COLA
MENINA   BOLA   PÃO

A MENINA É _____

O MENINO É _____

EU COMI   _____

EU ESTOU   _____

EU TOMEI   _____

ESCOLA DA VILA

DATA — DE AGOSTO DE 1981

NOME _____

1_ COMPLETE AS FRASES:

LOUCA   BANANA
VITAMINA   PIPOCA
BONITO   FEIO

BONITA   COCA
FEIA   SUCO
PÃO   LEITE

EU COMI _____

ESTOU _____

EU TOMEI _____

ESCOLA DA VILA

DATA ⎯ DE SETEMBRO DE 1981

NOME _____

"EU GOSTEI DA GALINHA"

"A GALINHA É MINHA."

"A MINHA GALINHA É BONITA."

"O NINHO É DA GALINHA."

"O OVO DA GALINHA ESTÁ NO NINHO"

"EU ADORO COMER GALINHA"

ESCOLA DA VILA

DATA ___ DE SETEMBRO DE 1981

NOME _____

1- LEIA:

" EU GOSTO DE OVO DE PÁSCOA "
"O TATU COME BANANA "
" EU VOU PARA A ESCOLA. "
" JOÃO ADORA GELATINA !

2 - COMPLETE:

" EU GOSTO DE ___ ___ ___ "
"O _____ COME BANANA "
" EU VOU PARA __ _____ "
" _____ ADORA GELATINA "

3 - DESENHE O QUE QUIZER.

ESCOLA DA VILA

DATA —— DE SETEMBRO DE 1981

NOME _____

ADORA

O VO

JOGAVA

ROSCA

BURITI

COMIA

BOLA

CIDA

"A CABANA É FEITA DE BURITI"
(JOÃO)

"A FOCA ADORA ROSCA"
(TULA)

"A CIDA COME OVO"
(EMILIA)

"A FOCA COMIA FOGO"
(MAURICIO)

"A FOCA JOGAVA BOLA."
(AVANA.)

ESCOLA DA VILA
DATA —— DE OUTUBRO DE 1981
NOME _____

O PINTINHO DA TAMARA   MORREU.
O PINTINHO DO DANI   NÃO MORREU.
O PINTINHO DO VADICO   MORREU
O PINTINHO DA JUJA   NÃO MORREU
O PINTINHO DO MAU   MORREU
O PINTINHO DO JOÃO   NÃO MORREU
O PINTINHO DA MADÁ   MORREU
O PINTINHO DA EMILIA   NÃO MORREU
O PINTINHO DO ACAUÃ   MORREU
O PINTINHO DO ROGÉRIO   NÃO MORREU
O PINTINHO DA TULA   NÃO MORREU
O PINTINHO DA AVANA   MORREU

MORTO   VIVO

"EU FUI NA ESCOLA."

"EU GOSTO DE IR NA ESCOLA"

"O SOL QUER SABER TUDO."

"O SOL QUERIA SABER PORQUE A LUA ERA GELADA."

"O SOL DERRETEU A LUA."

"O TATU TOMA SOL."

"A ARARA FUGIU DA GAIOLA."

"EU CHUPO SORVETE."

"O FOGO APAGOU."

"A FACA COME FOGO."

ESCOLA DA VILA

DATA: —— DE OUTUBRO DE 1981

NOME ——————————

"EU CHUPO SORVETE"

"EU CHUPEI SORVETE"

"EU GOSTEI DE CHUPAR SORVETE"

"EU ADOREI CHUPAR SORVETE."

ESCOLA DA VILA

DATA ____ DE OUTUBRO DE 1981

NOME _____

PIANO

1 - "NÓS CANTAMOS COM ZÉ MIGUEL."

2 - "ZÉ MIGUEL TOCOU PIANO."

3 - "EU GOSTO DE PIANO."

4 - "EU VI UM PIANO."

5 - "EU VI UM PIANO E GOSTEI."

6 - "O PRÉ FOI NA CASA DO DANI."

ESCOLA DA VILA

DATA — DE OUTUBRO DE 1981

NOME _____

PALHAÇO

1- "EU VI O PALHAÇO."

2- "EU FUI NA FESTA."

3- "EU GOSTEI DA FESTA DA JUJA."

4- "O PALHAÇO FOI NA FESTA DA JUJA."

5- "O PALHAÇO DA FESTA DA JUJA FOI LEGAL".

6- "EU GOSTEI DO PALHAÇO."

7- "O PALHAÇO NÃO SABIA FAZER MÁGICA."

8- "O PALHAÇO É LEGAL".

9- "O PALHAÇO FOI LEGAL."

ESCOLA DA VILA

DATA ___ DE OUTUBRO DE 1981
NOME _____

TUBARÃO

1- "O TUBARÃO VIVE NA ÁGUA!"
2- "EU SOU AMIGO DO TUBARÃO."
3- "EU GOSTO DE TUBARÃO."
4- "EU TENHO MEDO DE CARNE DE TUBARÃO."
5- "EU COMI TUBARÃO."
6- "EU GOSTO DE CARNE DE TUBARÃO."
7- "O TUBARÃO ESTÁ NA ÁGUA."
8- "EU GOSTO DO MAR!"
9- "EU TENHO MEDO DO TUBARÃO."

ESCOLA   DA   VILA

DATA ——— DE OUTUBRO DE 1981

NOME _____

"ONÇA VIVE NO MATO
NASCEU NO MATO
TEM QUE FICAR NO MATO
ELA COME BICHO
PASSARINHO FICA NA ÁRVORE
ELE ENFEITA A MATA
PEIXE FICA NA ÁGUA
ATÉ QUE ÍNDIO VÁ PESCAR
GENTE SERVE PRÁ TRABALHAR
DORMIR NAMORAR E
TER FILHO."

(CARMEM JUNQUEIRA.)

ESCOLA DA VILA

DATA : 1 DE OUTUBRO DE 1981
NOME : _____

ESTÓRIA OO JOÃO.

" UM   MENINO CHAMADO
JOÃO SEBASTIÃO
ADORA COMER PÃO, MELÃO,
MAMÃO E LIMÃO,
ELE VEIO NO AVIÃO
E LEVOU UM ESCORREGÃO NOSABÃO.

UM MENINO CHAMADO
JOÃO SEBASTIÃO
ADORA FAZER LIÇÃO
MAS MORRE DE MEDO
DO MEU CÃO CHAMADO SANSÃO.
JOÃO! JOÃO! JOÃO DO MEUCORAÇÃO
NÃO TENHA MEDO NÃO! ... "

FIM.

"TODO MUNDO DO PRÉ FOI NA CASA DA TULA.

FOI MUITO LEGAL O PASSEIO.

NÓS TRABALHAMOS MUITO MAS NÃO APRENDEMOS FAZER A PULSEIRA AINDA.

VAMOS CONTINUAR NA ESCOLA ATÉ APRENDERMOS.

NA CASA DA TULA TEVE UM LANCHE MUITO GOSTOSO.

AS MENINAS VIERAM NO JIPE DA TULA. E OS MENINOS VIERAM NA "BURRECA VELHA" DA MADALENA."

FIM.

ONTEM TODO MUNDO FOI VISITAR O TRABALHO DA MÃE DO DANI E DO PAI E DA MÃE DA TAMARA.

PRIMEIRO NÓS BRINCAMOS NO SALÃO QUE TINHA UMA CASINHA, E UMAS CORDAS PARA SE BALANÇAR.

DEPOIS NÓS CONVERSAMOS COM LÚCIA E COM A EVA. ELAS CONTARAM ESTÓRIAS PARA NÓS. A MÃE DO DANI, CONTOU A ESTÓRIA DO "POBRE ADAUTO" E A MÃE DA TAMARA, UMA ESTÓRIA CHAMADA "NINGUEM".

TEVE UM LANCHE SUPER GOSTOSO COM COXINHA, SANDUÍCHE, COCA-COLA, E PAVÊ!

NO FIM VIMOS AS SALAS ONDE A LÚCIA E A EVA TRABALHAM, DEMOS ADEUS PARA O PAI DA TAMARA E VOLTAMOS PARA A ESCOLA.

FIM

"A RAQUEL, MÃE DA JUJA, VEIO PASSAR UM FILME DE BALEIA PARA NÓS, AQUI NA ESCOLA.
NÓS GOSTAMOS TANTO, QUE ELA REPETIU O FILME TRÊS VEZES! ELA TAMBEM TROUXE PARA TODO MUNDO DO PRÉ UM DOCE MUITO GOSTOSO, DE BANANA COM SUSPIRO! NÓS COMEMOS TUDO."

1_ COMPLETE :

RAQUEL É MÃE DA _____
ELA VEIO PASSAR UM _____ DE BALEIA.
ELA TROUXE UM _____

ONTEM NÓS FOMOS VISITAR O TRABALHO
DO PAI E DA MÃE DO ACAUÃ, NO LABORATO-
RIO DA BIOQUÍMICA DA U.S.P.
FOI MUITO LEGAL.
NÓS VIMOS MUITAS MÁQUINAS.
TEVE GENTE QUE GOSTOU MAIS DO MI-
CROSCÓPIO, TEVE GENTE QUE GOSTOU
MAIS DA LUPA, TEVE GENTE QUE GOSTOU
MAIS DO MISTURADOR, TEVE GENTE QUE
GOSTOU MAIS DA GELADEIRA SUPER
GELADA, TEVE GENTE QUE GOSTOU
MAIS DA SALA GELADA, TEVE GENTE
QUE GOSTOU MAIS DA SALA QUENTE.
NÓS TOMAMOS CAFÉ COM BISCOITO
E BIS. E NÃO ESQUECEMOS DE
TRAZER O LANCHE DO ROGÉRIO E
DO JOÃO.
NÓS FOMOS E VOLTAMOS NA
"BURRECA VELHA" DA MADALENA.

FIM.

Posfácio

A PAIXÃO DE CONHECER COM A VIDA

Num fim de tarde em 1981 fui buscar meu filho Daniel, que fazia o pré-primário na Escola da Vila, e ele me puxou pela mão com muita firmeza para ver a sua sala de aula. Não era um chamado qualquer. Ali estavam acontecendo coisas belamente incomuns: as duas salinhas unidas por uma porta em arco (quartos comuns de casa de classe média na Vila Madalena) passavam por intensas e curtidas metamorfoses. Ovos de borboleta, larvas, casulos, peixes, pássaros, plantas e gatos pulsavam naquele espaço e o umbral entre as salas tinha virado um arco-íris desenhado em giz.

Além disso, os desenhos, os trabalhos em barro, as *palavras--geradoras* (palavras que tematizam vivências do grupo e o guiam na conquista da leitura e da escrita) indicavam que a alfabetização se dava através de uma explosão colorida de *leituras* do mundo: dos bichos, dos astros, do corpo, dos sexos, dos povos e suas culturas. Mais tarde, o teto das salas foi coberto com panos pintados de azul, de nuvens e estrelas, de sol e noite, e o sistema solar, em todos os seus planetas e satélites conhecidos, rebrilhou em bolinhas de isopor penduradas com cordões.

Hoje, eu leio em livro, com a maior emoção, os textos que me emocionavam àquele ano como relatórios da professora Madalena Freire. *A paixão de conhecer o mundo*, publicado pela Paz e Terra, é um livro pulsante de vida pela experiência que relata, pelo modo como o faz, pela simplicidade de sua beleza gráfica. As cores da terra, das plantas e da água dividem as três partes do livro: os escritos de Madalena, o *Livro de estórias* da classe, desenhado coletivamente, e as "Lições", produzidas a partir das vivências diárias.

É preciso deixar claro que a relação pedagógica a que se refere *A paixão de conhecer o mundo* está a anos-luz de distância do consumo de *técnicas modernas* que se tornou pedra de toque de uma nova burguesia. Não se trata, por exemplo, de utilizar a energia das crianças para dissipar materiais didáticos, canalizando uma voracidade sem objeto e formando desde já *pequenos consumidores*. Mas, sim, de produzir com elas uma *máquina-do-mundo* à altura de sua curiosidade apaixonada, feita com sucatas e materiais domésticos investidos de um novo sentido. Aprender é viver transformando, sem fechar as fronteiras entre a vida intelectual e a afetiva, entre a brincadeira e o máximo desafio.

A alfabetização e as noções aritméticas, biológicas, geográficas, histórico-sociais ou outras não são tomadas como partes de um programa fixo a ser cumprido previamente, mas como convites a uma vontade de apreensão que se traduz todo o tempo em pensamento concreto. A descoberta da existência de um tubarão raro de doze metros de comprimento, o anequim, leva as crianças a desenharem a fera em seu tamanho natural, transbordando a sala de aula para os corredores e o muro da escola. Com essa viagem exploratória às dimensões do desconhecido, o imaginário de repente ganha corpo e dispara a perseguir o real. A força do anequim (que está na capa do livro de Madalena), sinal da vontade de conhecer espicaçada pelo estranhamento e pela identificação, tornou-se assim uma espécie de emblema do grupo.

As noções de escrita e número são introduzidas passo a passo, mas abrem também novos e seguidos campos de exploração, que podem passar do estudo dos bichos à pesquisa das estrelas, e da pesquisa sobre índios ao problema das trocas comerciais e da origem do dinheiro. Mas as passagens não são aleatórias nem forçadas, e aí acho eu que está a chave da relação pedagógica proposta por Madalena. Os temas novos entram em cena na medida em que representam problemas cruciais que o grupo está se colocando, de forma explícita ou velada. A verdadeira maestria do professor é perceber como, direta ou deslocadamente, as crianças vivem questões emergentes cujas soluções dependem de certos saltos no conhecimento do mundo, inesgotável, ameaçador e fascinante. Uma briga entre meninos, ou então a clássica rivalidade entre o grupo das meninas e o dos meninos, separados e desejantes, temerosos de se aproximarem, nessa idade, mas querendo mais que tudo se achegarem, são matérias de desafio e conhecimento. Nesse caso, a professora lança pontes no abismo da diferença sexual, que vão gerando novas relações, como o cachimbo da paz na hora do lanche, certas cantigas de abecedário que além de promover a alfabetização funcionam como passa-anel dos afetos secretos, fluindo daí para o baile, o teatro, o confronto com a nudez e a dramatização espontânea do parto e do nascimento, que estava na origem da angústia que separava o grupo. Atenta ao movimento de corpo, Madalena observa que a tensão e o repouso das crianças em roda, vividos ao longo de uma conversa sobre a nudez, têm semelhança com certo brinquedo de mola e com a forma do rocambole (!) – que em seguida é preparado e comido pelo grupo.

São alguns exemplos de um procedimento de expansão que faz com que a alfabetização seja levada a efeito como um ato de apropriação das próprias crianças, "gestada na vida, no todo das experiências de cada um, no entendimento e na leitura do mundo". Ela passa pelos movimentos de procurar, fabricar, comer, trocar, ir à rua (ao planetário, ao Butantã, ao trabalho dos pais). O professor tem que provocar, organizar, agitar e "garantir" a explicitação da vontade de todos. Propor e deixar acontecer: só assim foi possível viver em classe, ao longo do tempo necessário, a transformação real do ovo em larva, em taturana, em casulo e em borboleta que saiu voando pela janela. Esse fato é a indicação simbólica de um outro processo, alquimicamente paralelo:

a maturação subjetiva faz seu caminho invisível passo a passo, até poder saltar para o exterior em manifestação visível.

Madalena, filha de Paulo Freire, realiza um belo desenvolvimento do trabalho de seu pai no que este trabalho tem de mais feminino, maternal e utópico: entendendo como utópica a demonstração de que a liberdade é possível, não como modelo pronto, mas como pulsação expansiva e generosa que *afirma em ato* que o mundo pode ser transformado. E como dizia Reich, a humanidade dependeria de salvarmos as crianças do assassinato a que são submetidas diariamente pelas violências da pobreza, da repressão familiar e escolar, e agora dos golpes do cataclisma urbano.

A paixão de conhecer o mundo é mais um exemplo, desses que algumas mulheres vêm dando, da transformação da teoria (pedagógica, psicológica-política) em discurso de ação interpessoal que respeita a multiplicidade das falas, sem tralha abstrata e sem distância acadêmica. Nesse sentido comparo-o com *Memória e sociedade: lembrança de velhos*, de Ecléa Bosi. Tudo o que se diz nele não deve ser tomado como modelo a ser aplicado literalmente, mas como *matriz irrepetível* de um evento inspirador que não dá para fazer igual, assim como nunca bebemos duas vezes na mesma fonte nem nos banhamos duas vezes no mesmo rio. "A busca do conhecimento não é preparação para nada, e sim VIDA, aqui e agora. E é esta vida que precisa ser resgatada (...)." Uma dessas verdades tão simples e tão cristalina que, muitas vezes não conseguimos vê-las. Pudera. Como diz uma lenda, "a raiz cega deste espanto / há um cristal. (...) Quem o fitar ficará lúcido para sempre" (de um poema de Orides Fontela).

José Miguel Wisnik
Folha de S.Paulo
1983

Obras, textos e outros: produções de Madalena Freire*

Livros

A paixão de conhecer o mundo. São Paulo: Paz & Terra, 1.ed. 1983. [Em 2023 o livro apresentou sua 22ª edição.]
Educador, educa a dor. São Paulo: Paz & Terra, 2008.

Artigos e capítulos publicados

"Dois olhares ao espaço-ação na pré-escola". In: Morais, Regis (org.). *Sala de aula: que espaço é esse?.* Campinas: Papirus, 1986.

"Escola, grupo e democracia". In: Grossi, Esther P. e Bordin, Jussara (orgs.). *Paixão de aprender.* Petrópolis: Vozes, 1992.

Mello, Sylvia L. de; Freire, Madalena. "Relatos da (con)vivência: crianças e mulheres da Vila Helena". *Cadernos de Pesquisa*, São Paulo, n. 56, pp. 82-105, fev. 1986.

"Que diabo tem este grupo". In: *O grupo: seminários.* São Paulo: Publicações Espaço Pedagógico [s.n.], 1993. (Série Seminários). Mimeo.

"Refletindo, praticando, vivendo com as crianças da Vila Helena". In: Secretaria da Educação de São Paulo. Coordenadoria de Estudos e Normas Pedagógicas. *Isto se aprende com o ciclo básico.* São Paulo, SE/CENP, 1986.

---

* A presente lista não é exaustiva e busca apenas presentear o leitor e a leitora com algumas das principais produções intelectuais de Madalena Freire.

"Sobre os instrumentos metodológicos na concepção democrática de educação". Comunidade Pró-Saber. Rio de Janeiro: Instituto Pró-Saber, 2014. Disponível em: <www.prosaber.org.br/comunidade/?p=4320>. Acesso em: 23 jun. 2021.

"Vida professora... vida de professor...". In: Abramowicz, Anete; Park, Margareth B. (orgs.). *Mulheres na pandemia*. São Paulo: Pedro & João Editores, 2021.

EDIÇÕES ORGANIZADAS OU COORDENADAS

História do meu nome: turma 2022. Rio de Janeiro: Instituto Pró-Saber, 2022.

História do nome da gente: turma 2023. Rio de Janeiro: Instituto Pró--Saber, 2023.

História do nome: turma 2018. Rio de Janeiro: Instituto Pró-Saber, 2018.

Leituras de si e de mundo: histórias entrelaçadas, estéticas em movimento. Rio de Janeiro: Instituto Pró-Saber, 2018.

O grupo: indivíduo, saber e parceria – malhas do conhecimento. São Paulo: Publicações do Espaço Pedagógico, 1993. (Série Seminários), 1993a. Mimeo.

O grupo: seminários. São Paulo: Publicações Espaço Pedagógico [s.n.], 1993. (Série Seminários). Mimeo.

Observação, registro, reflexão: instrumentos metodológicos I. São Paulo: Publicações do Espaço Pedagógico, 1995. (Série Seminários). Mimeo.

PARTICIPAÇÃO

Araujo, Clara *et al.* (orgs.); Freire, Madalena (coord.). *O inédito é viável? Formação de professores da educação infantil na pandemia*. Rio de Janeiro: Instituto Pró-Saber, 2021.

Genescá, Ana Carpenter e Cid, Lúcia de Araujo (orgs). *Pró-Saber: imaginação e conhecimento*. Rio de Janeiro: Instituto Pró-Saber, 2013.

Este livro foi composto na tipografia Arno
Pro, em corpo 12/16, e impresso em papel
offset na Gráfica Plena Print.